29円モヤシの目線で
日本の危機と
生死観を考え直す。

春吉省吾
Haruyoshi Syougo

29円モヤシは、弱者のヒーローだ。
しかし大量に生産され、消費されても
たいして有難がられず、主役にもなれないが、
けなげに頑張っている。
そんなモヤシの目線で、日本の今を眺めてみる。
いびつになってしまった地球環境、
とどまることを知らない経済競争と、貧困格差。
何がこうしてこうなったのか本当のところは分からない。
しかしなるべくしてなってしまった現実がここにある。
たとえあなたが私と同じに29円モヤシであっても、
諸々と廃棄されるモヤシであってはならない。
自在のモヤシになるべく、真の宗教観を持とう。
この世は狭ければ狭いまま、暗ければ暗いまま
理不尽だらけの世界だが、その恨みに揺らぐことなかれ。
私の中のモヤシよ、本来の面目を持ち、生きて死ね。

春吉省吾

※令和元年（2019年）六月現在、都内で売られている「緑豆モヤシ」二百グラム、ワンバックの平均的な値段は、二十九円。貧乏飯の代名詞となって久しい。どこでも売っていて、激安で買えて量がある。それでいて栄養もそこそこという神食材だ。

目次

●歴史上の人物は敬称をつけずに表記いたしました。御了承ください。
●本文中には、一部不適当と思われる語句や表現がございますが、その言葉そのものが論旨になっております。ご理解をお願いします。
●「意志決定」「意思決定」（decision making）。現在、後者の「意思決定」の方が多く使われています。しかし広辞苑によると「意志」の方には「ある行動をとることを決意し、かつそれを生起させ、持続させる心的機能」とかなり詳しい説明があります。対して「意思」についての説明はきわめて短く、心理学的領域においても特別な記載の約束はありません。私は「意志決定」と記載することにいたします。
●本随筆には様々な方々の論文、文章を引用させて頂きました。引用文献は一部紹介いたしましたが、万一記載漏れがあれば謹んでお詫び申しあげます。
また引用にあたっては、著者の趣旨と必ずしも一致しない引用もあると存じますが、御容赦ください。

春吉省吾

（二）「今」を考える

歴史から今を見ると、またぞろ同じ繰り返しの事象が実に多い。人間とは欲望の塊で出来ているとの思いを深くする。いかに時代を重ねようと、変わりようがないというのが「人間の歴史」である。

しかし「欲望の赴くまま、惰性に任せて、死んでいっていいのか」という単純にして、永遠のテーマに、我々は早かれ遅かれ直面する。

そしてせっかく生を受けたのだから「自分に嘘をつかずに、堂々とした豊かな人生を送りたい」と誰しもが思う。しかし、歳を重ねる毎に世間の小賢しくも、浅ましい蠢《うごめ》きに翻弄され、精神が悩まされ続けると、「世間とはそういうものだ。長いものに巻かれないと、生きていけない」と惰性に堕ちてしまう。

しかし、しかしである。何が正しくあるべきかと、年齢を重ねてもなお、青臭くも真面目に考えておかないと、結局、人生の最後にいろいろと悩む事になる。また、いくら金儲けに走っても、晩節を穢すことになる。

どれ程、表層の情報を聞きかじっても、物事の本質は決して捉えられない。

しかし、残念ながら、日本人の殆どが、正しい「宗教観」に基づいた、自分の哲理を持つことが出来ないでいる。「宗教観」こそ、個々の「生死観」を決める根幹なのだが……。

平成三十年（2018年）五月に上梓した「言挙《ことあ》げぞする」では、一万六千年もの昔から形成された「縄文精神」という基層の精神が、「仏教」「儒教」「道教」そして「神道」の全てを結節しているという理論構成により記載した。いわば縄文精神が「日本人」の基層となる意識原理なのだということを、簡単にかつ、具体的な例を示して記載した。

一般向けの書籍なので、余計なことを一切省いて、骨子だけを記述したが、幸いなことにその本質を理解した読者諸兄からは、絶大な共感と称賛を頂いた。深く感謝申し上げる。

だが拙著の読者で、その本質をご理解いただいた方を除けば、多くの日本人の精神の箍《たが》が緩んでいるのを知らないままに現在に至っている。既存の誤謬に満ちた「宗教観」や、浮ついた「生死観」など明治期以来、きちっと精査されてこなかったこともその原因の一つである。

そういう考え方など全く知らずに、いや知らされずに現在まで生きてこられた方々が殆どなのはやむを得ない。

だから、因襲の「壁」にとらわれて、拙著に対して批判的になったり、読みはしたがその後は一切無視するのも、想定の範囲内である。

だからこの冊子は、先入観を持たない、次世代を担う若い方にこそ、ぜひ読んでいただきたい。

我々は間もなく戦後七十五年目を迎える(2019年8月15日から75年目となる)日本という社会組織の中で、日々生活をしている。その組織は、今や膨大に膨れあがって、弾力が失せて硬直し、風通しのよくない、澱んだものになってしまった。

そこには、利益や権限を享受してきた者達にとっては、実に都合のいい「既得権益」が蔓延している。「革新」「変革」などの熟語は、濫用されてきたが、薄汚れた掛け声のみである。

様々な事件や何々問題と騒がれる全ての事象は、表に噴き出したその「権益」の氷山の一角に過ぎない。

ということで、この小冊子は、今現に起きている卑近な事象と歴史を比較して、具体的に話を進める。

そして、最後に我々が今、漠然と感じ、あるいは思っている「嫌な感覚」を除去し、どのように生きたらいいのかを、私見として纏めてみたい。

開催まで二年を切った(平成三十一年三月現在)「東京オリンピック・パラリンピック」のとんでもないいい加減さも、その「好例(いや悪例)」として取り上げる。

オリンピック・パラリンピックの名を借りて、欲望剥き出しの権力ゲーム、利権ゲームが行われているという現実を知らないと、「お人好しの日本国民」というそしりを免れない。

権力と金の争奪の場がオリンピック・パラリンピックの「裏舞台」で繰り広げられている。晴れの場に選ばれた選手達が躍動するのはあくまで「表舞台」であり、全体のオリンピック・パラリンピックのほんの表層である。

但し断っておくが、ここで述べるのは、オリンピック・パラリンピックのために限界まで努力し続ける選手達を貶《おとし》めるものではない。むしろ実体を知ることで、本来、人間の持つ純粋な選手達の闘争心の昇華された姿が、より一層美しく、感動的になると信ずる。

というわけで、歴史の中から今を考え、我々はどういう「覚悟」をしなければならないかを、百六十数年前の「天災」のことから話をすすめることにする。

尚、本冊子には、結構、多くの統計数値を引用した。すべて公表された数値である。数値アレルギーの方もいらっしゃるだろう。その方々はその数値を読み飛ばして頂きたい。ただ数値はいかようにも解釈できるし、いかようにも「加工」出来るということを本冊子からしっかりと確認して頂ければいい。

(二)江戸の天災

平成三十年(2018年)九月三十日の深夜から十月一日の四時頃まで、台風二十四号の影響で、都心も暴風雨に見舞われた。強風がかつて無いほど激しく、私はパソコンに向かって作業をしていたが、家が揺れるような激しさに何度も襲われ、落ち着かなかった。東京在住三十四年間で一番の強風だった。

平成三十年七月の西日本豪雨、そして九月四日に日本上陸した台風二十一号は、近畿地方を中心に大きな被害をもたらした。北海道胆振東部地震も我々の記憶に新しい。

もう「想定外」などと暢気なことは言っていられない。

今後、こんなものでは済まない天災がやってくる様な気がして、嫌～な感覚に囚われる。

今、幕末の時代小説を二作、書き進めているが、数冊の江戸の歴史年鑑をチェックしていたら、ペリー来航の嘉永六年（1853年）から慶応四年・明治元年（1868年）迄の十五年間、大規模な火事と地震、洪水、津波、大雨、強風などの災害が何と多いことか。以下、歴史上の記録に残された大災害のみをピックアップしてみた。ただし、江戸の歴史は火事のオンパレードなのでここへの記載は省く。

●嘉永六年（1853年）二月二日小田原付近の地震津波
六月三日、ペリーが浦賀に来航。

嘉永七年（1854年）一月十六日、ペリー再び来航、三月三日、日米和親条約を締結。下田が開港する。
●安政元年（1854年）十一月四日　十箇国大地震、M八・四。
●翌五日には伊勢地方を中心とする地震発生、M八・四。
十二月二日、ロシア、プチャーチン乗艦のディアナ号が津波で大破、西伊豆の戸田へ曳航中に沈没。
●安政二年（1855年）十月二日、江戸大地震「安政の大地震」といわれ、江戸時代最大級の地震。倒壊家屋一万四千戸、小石川の水戸藩邸では、藤田東湖と戸田蓬軒が圧死。
●安政三年（1856年）八月二十五日江戸大雨風、大津波出火。
●安政六年（1859年）七月二十五日　江戸大雨。
●慶応二年（1866年）八月七日、京及びその周辺大風雨。

(三)幕末の国力低下

幕末から明治転換期の十五年、大規模な自然災害が頻繁に襲い、庶民は疲弊し、国力は激しく劣化した。

それまで、磐石だと思われていた「お上」（幕府）の屋台骨が、案外脆いと庶民が感じ始めた。相次ぐ大地震、さらにはペリーの黒船来航を契機に開国した日本に、大インフレーションが起こる。万延元年（1860年）から慶応二年（1866年）までの七年間で、物価は約七倍に高騰した。

開国すると同時に、生糸をはじめとした日本の輸出は爆発的に増加し、供給が追いつかず、価格高騰、さらに米国で南北戦争が勃発して、綿花の国際価格が急上昇し、国内の綿花も買い占められた。当時、中国が輸出規制をしていた陶磁器や、日本の漆器が欧米に向けて盛んに輸出されていった。それに伴い日常の物価も連動して沸騰した。

そういう状況にあって、金銀の国際レートの差が、国内の混乱とインフレに拍車をかけた。

開国前の日本国内の金銀レートは、約一対五だったのに対し、国際相場は一対十三だった。つまり「銀高金安」である。その結果、外国商人は、大量の洋銀（メキシコドル）で日本の金貨を買いあさり、海外で売り払って利ザヤを稼いだ。また、日本の銅価格も国際標準よりはるかに安かったために、外国商人に買い占められてしまった。日本から五十万両以上もの小判が流出したといわれる。〈現在執筆中の「初音の裏殿」の大きなテーマの一つである〉

金の減少によって幕府は「品質の悪い」（金の含有量が少ない）「万延小判」を鋳造する。幕末の物価高は、さらに進む。

こうして、江戸や大坂の都市で生活する庶民から外国との貿易に対する不満の声が高まり、外国貿易や外国人に対する排外的な「攘夷論」が起こる。

本来「尊王論（天皇を尊ぶ思想）」と「攘夷論」は結びつかないのだが、安政五年(1858年)に日米通商条約が天皇の勅許を求めつつも無勅許で調印されると、下級武士・下級公家を中心として、幕府への不満が「攘夷」だけに留まらず、天皇をないがしろにした（あるいは、そう誘導された）ことで、「尊王論」と結びついた。

井伊直弼の強権によって、押さえ込まれていた尊攘家達だが、井伊の殺害によって、俄に勢いづき、二百六十年続いた幕府組織は雪崩のように瓦解していく。

幕閣には優秀なテクノクラートが登用されたが、前述した度重なる天災によって、国力そのものが弱体化し、政治組織は依然として因循で責任の所在がなく、十分な成果を得ることが出来なかった。

(四)制御不能、視界ゼロの時代

特に幕末の「文久二年、文久三年」(1862年、1863年)「元治元年」(1864年)の三年間に吹き荒れた「攘夷の嵐」の背景にはなんの理論もない。真木和泉《まきいずみ》や久坂玄瑞《くさかげんずい》などの言葉だけ勇ましい空論が撒き散らされた。次から次へと狂った情熱と、短絡な感情剥き出しの人間が排出し、陳腐な権謀術数が増幅された。時代の空虚な熱狂が、一人歩きして、テロの恐怖が更なるテコになって、良識や理性が沈められ、思想など後からついてくるという時代であった。まさに「人斬り、テロ」の時代であった。

幕末のこの時代と酷似の時期があった。

「大東亜共栄圏」などと絵空事を「使命」と勘違いし、「打倒鬼畜米英」と、太平洋戦争に突入したきっかけとなった日中戦争が勃発したのは、昭和十二年(1937年)のことである。

その結果多くの犠牲を出し完膚なきまでに打ちのめされた「太平洋戦争」は、昭和二十年(1945年)八月十五日に収束した。そこから起算した七十五年後はちょうど東京オリンピック・パラリンピック開催の年、「2020年」である。

これまで膨大な幕末の歴史・時代小説が書かれているが、文久二年から元治元年六月六日の池田屋事件、七月十九日の「禁門の変」までの間、日本はまさに百鬼夜行の三年間であった。その間の動きを読者に首肯させる「小説」は一つもない。小説にまとめて、読者を納得させる歴史の整合性が全くないのだ。だからこの三年の動きを俯瞰して書こうとすると、読者が混乱してしまって面白くないのだ。勢い、作家はどちらかの立場に立って書かないと、嘘に見えてしまうのだ。

故阪東妻三郎の出世作となった「侍ニッポン」(郡司次郎正《ぐんじじろうまさ》の原作)の主題歌は西条八十《さいじょうやそ》の作詞である。

「人を斬るのが侍ならば　恋の未練がなぜ切れぬ」

という二番の歌詞に
「きのう勤皇　明日は佐幕　その日その日の出来心」

とある。まさに変節、裏切りなど何でもありの数年間であった。

禁門の変ののち、長州藩が完膚なきまでに打ちのめされて以降、ようやく明治までの道筋が、判りやすくなってくる。歴史時代小説家としては、ここからが書きやすいというわけだ。

それを象徴する話がある。

特に長州藩の内部抗争はひどかった。藩主指示のもと、長州藩直目付、長井雅楽《ながいうた》の「航海遠略策」が、文久元年（1861年）三月に藩論に決定後、幕府に上申され、公武合体策とも適合するため老中久世広周《くぜひろちか》も賛成し、幕府の方針が定められ、文久二年三月二十日には、正親町三条実愛《おおぎまちさんじょうさねなる》に建白書を提出したところ、翌日、孝明天皇が非常に喜んだと伝わっている。

長井雅楽の「航海遠略策」とは、簡単に言うと、結んでしまった条約を破棄し、攘夷、外国人を追い払うなど子供の所業である。出来ないことを騒ぐより、この際、条約を受け入れて、朝廷も幕府も一つになって日本国の軍備を充実させ、どんどん海外に視察団を派遣し、外国のいいところを全て取り入れ、国力をつけて、不景気を改善し、人心を安定させ、その後にどういう国家を作るかをゆっくり考えようというのである。

今「航海遠略策」読み直しても、極めて妥当な論である。

三月二十六日に雅楽は、中山忠能《ただやす》、岩倉具視などにこの案を説明した。しかし四月七日には孝明天皇は、攘夷断行の勅旨を出す。ところが四月十三日には、正親町三条実愛《さねなる》が長井雅楽を召して藩主毛利敬親を召すの内勅を授けたという。「航海遠略策」を調停案として受け入れるという意思表示である。攘夷と、開国とが、狭い朝廷内で交錯する。国家鎮護のため、異国に対する恐れから、極端な異人嫌いの孝明天皇であったが、その考えは、崩御されるまで千々に乱れた。

一月十五日、坂下門で老中安藤信正が水戸の浪士に襲われ、失脚した。老中久世広周との両輪政権の片方を失った幕政の力が大きく衰えた。一方、京の公家達は引っかき回すだけ回して、どうしていいか判らなくなり、皇室の意志は朝令暮改と定まらず、いたずらに時が流れた。長州では、実力者周布政之助《すふまさのすけ》が一時、雅楽の論に同調したのだが、途中から久坂玄瑞などの過激派に乗り換え、雅楽は失脚する。七月六日、長州藩は、藩論を破約攘夷に転換する。文久三年（1863年）二月六日、長井雅楽は四十五歳で切腹。「正論」が狂気と、嫉妬に敗れ去った。

尊王攘夷派にとって、長井の策で、朝廷と幕府が仲良くなっては、働き場所がなくなってしまう。どんなことをしても引きずり下ろさなければならなかった。そうでないと、挙げた拳を振り下ろせなくなってしまうのた。

薩摩の西郷隆盛は、久坂玄瑞の話をまともに受けて、「大奸物、長井雅楽を切れ」と話したと伝わっている。本来の奸物は、嫉妬に狂い、揚げ足取りをした久坂玄瑞の方なのだが……。

(五)その後の処置が曖昧だと

さて、我が国で、災害が国難へとつながっていった記憶に新しい事例は、関東大震災から太平洋戦争への流れである。関東大震災の復興資金が首都東京に集中する一方で、農村の窮乏が加速した。その窮状を憂い、義憤に駆られた青年将校たちによる二・二六事件が勃発したが、政府の事後収集は曖昧で、結果、軍部の独裁の歯止めがかからず、破滅的な戦争に突入していく。

現状の日本は、東日本大震災、熊本地震など莫大な復興資金需要が、国家や自治体の財政を歪めている。震災復興の補助金が国から被災自治体にもたらされる一方で、被災していない自治体が交付金を絞られた。

阪神淡路大震災以降、東日本大震災、熊本地震、北海道地震など、被災者支援の負担は全て国家財政にのしかかる。国債残高が加速度的に膨張を続ける状況下で、次なる甚大な災害は不可避と考えると暗澹たる気持になる。

更に厄介なのは、福島原発事故である。その後始末は、最短で見積もっても、この先五十年はかかる。それに原発施設の耐用年数は四十年でいいのだろうか。今や「戦艦大和」のような遺物となった原子炉を稼働させようとしていること自体、恐怖なのだ。ところが七十年代に造られた原発の耐用年数四十年が近づいてくると、政府は六十年間使えるという見解を打ち出した。原発の設置は、殆どが海岸線沿いに稼働させている日本。津波が来れば、決定的なダメージは避けられない。

今回起きた福島第一原発事故はあらゆる角度から検証しても「人災」なのだ。活断層の上にある原発は八ヶ所ある。原発は「日本」という火山国では、全く不向きなのだと判る。

更に厄介な問題は、廃炉をするにも莫大のコストがかかることだ。福島第一原発の廃炉にかかる費用は、当初は約二兆円と予想されていたが、今は約八兆円と見込まれている。

福島原発事故対応で廃炉以外にかかる費用は、賠償費が約八兆円、除染および除染で生じた土壌などの中間貯蔵費が約六兆円とされているため、必要な資金の総額は二十二兆円に達する見通しだ。平成三十年度の国家予算は、九十七兆七千百二十八億円だから、どれ程の金額が必要なのかが判るはずだ。ちなみに廃炉費用の八兆円は日本の国家予算の約八％である。

ひとたび、原発事故が起きてしまえば、そこに暮らす人々の人生の全てを狂わせるだけでなく、国家が破綻する。

経産省は、原発廃炉の損失を一基二百十億円と過少に見積もっていたが、欺瞞そのものだ。

廃炉作業の費用と期間もどれだけ信憑性があるのかどうか疑わしく、原発の真っ黒な現実はほとんど明らかになっていない。

原発で作られた電力の恩恵を被っている我々は、自分たちも加害者の一端を担っているという忸怩たる思いを常に心に留めておかないといけない。共産党が言うような、原発の即時廃止論は不可能だが、原発の経年劣化は明らかに進み危険は増す。向こう二十年間で原発を全廃するというような、不可逆的な国家プランが必要な所以だ。そうでなければ我々は、後世にツケを残したまま、電力を享受しているだけの実に情けない存在になってしまう。特に高レベル放射性廃棄物のうち、ウラン二三五の半減期は七億年、プルトニウムでは二万四千年といわれている。必要以上に精神を尖らせる必要はないが、地下数百メートルに閉じこめても、危険性は永久に存在するということは忘れてはいけない。

我々国民は、お手盛りされない正しい数値を知る権利がある。

また、現在のところ電力の貯め置きが出来ないといわれている。しかし言葉の正確な使い方は「発電した大量の電気を貯めておくことは、現状の技術では難しい」というのが正しい。大きな電気エネルギーはためることができず、発電したらそのときに使うしかなかったのだが、蓄電技術が発達すれば、電力のコントロールが出来る。この分野に研究開発の資金を集中すべきであろう。

原発の後処理だけではない。この先、老朽化したトンネル、高速道路、橋梁などの公共インフラの補修、撤去には気の遠くなるコストが見込まれる。さらに数十年以内に、都市部や、産業が集積した場所を襲う首都直下地震や南海トラフ地震は避けられないというから、間違いなく「国難」がやってくる。

(六)戦後七十五年目の澱

戦後七十五年、日本の行政官庁の自浄作用は働かず、澱んだままに現在に至っている。しかし、その統治システムと組織は、明治、大正、昭和、平成と戦争を挟んで、そう変わっていない。

その元凶は幕府からグランドビジョンもないまま政権を奪取した、明治政府の腐敗から始まっている。特に山縣有朋、井上馨などの、長州閥の下級武士達、成り上がり者達の汚職はひどいものであった。

親分の木戸孝允は、長州閥を守るために、これら穢い汚職もみ消しに精一杯で、精神をすり減らしてしまった。公家上がりの、三条実美《さねとみ》や岩倉具視などは、狭い御所内での隠謀を画策する程度の能力しか持ちあわせていなかった。国家という概念が形成されない若造の寄せ集まり集団だからやむを得ないのだが、後世の作家や、歴史家は明治という時代を「盛りすぎ」ている。司馬遼太郎氏の「明治は『透きとおった、格調の高い精神でささえられたリアリズム』の時代」であるとは、何処から考えても、首是出来ない。

昭和に至る大日本帝国陸軍の思い上がり、独善は、実に山縣有朋の汚職に対する、西郷隆盛、木戸孝允などの「明治の元勲」

と言われている者達の曖昧な措置から端を発している。

翻ってここ数年、財務省や文部省の様々な不祥事だけでなく、地方の行政機関、そこで働く地方公務員の多くに、おごりと甘えが蔓延している。

多くのスポーツ団体や武道の組織内の不祥事は、全てその延長上にある。

かつて「官位様」と世間に尊敬された中級以下の公務員の生活は「清貧」に甘んじた。だから庶民は彼らを、ある種の尊敬をもってそう呼んだ。しかし今は、みみっちい既得権の操作を恣《ほしいまま》にし、公務員法に守られ、現状に甘んじ思考を止めている。

民間企業に比べて老後の年金も、安定的に手に入れることが出来る。真剣に都政や府政や地方行政のために働いている方は多いが、残念ながら一握りだ。なべて一割は人員過剰だ。

ひと言で言うと、誰も責任を取らないこのような組織は、明治以来ずっと増幅し、昭和初期から戦後をまたいで、またぞろ復活し、日本中に蔓延してしまった。

少なくとも起業家、創業期の企業経営者は個人資産を担保にし、夢を形にしようと、想像力を働かせ、市場と会話している。利益を生み出さなければ全てを失うからである。自ら傍観者のような立場に置くような立場にはないのだ。

しかし経営者もひとたび成功して、既得権に守られると、居心地が良くて、何も見えなくなってしまう。だがそういう企業は市場に淘汰される。やはり問題は「責任をとらない組織」であろう。

その誰も責任を取らない組織の象徴とでも言うべき組織が、東京オリンピック・パラリンピック組織委員会（以下「大会組織委員会」と言う）である。

平成二十六年（2014年）一月二十四日、東京都と日本オリンピック委員会（JOC）とによって、出来あがった組織である。

東京都議会議員（2019年3月末現在）音喜多駿氏が言うように、

「五輪組織委員会は東京都とＪＯＣの下部組織である。本来は東京都知事が『依頼・要請』するのではなく、『指示・命令』

に近い形が取れる指示系統を確立するのがあるべき姿」という。その通りである。

森喜朗《よしろう》氏が五輪組織委員長に就任したのは、平成二十六年（2014年）一月十四日。猪瀬直樹《いのせなおき》知事が退任したのが平成二十五年（2013年）末で、舛添《ますぞえ》要一知事が誕生したのは平成二十六年（2014年）二月。東京都の政治の長が不在の期間に、曖昧なまま、どさくさに乗じて決まってしまった。

平成三十年（2018年）十月四日に会計検査院は、「2020年東京オリンピック・パラリンピック」の費用が、総額三兆円を超える可能性があると発表した。現状のいい加減な組織では、最終的には、計上漏れの予算を積み上げて四兆円を超す恐れもある。

ふり返れば、平成二十五年（2013年）、東京都の猪瀬知事が誘致運動をしていた当初、東京オリンピック予算は七千三百億円であった。プレゼンで「コンパクトな会場配置」、「強固な財政基盤」といった公約を掲げて招致を勝ち取った。だが、現状は前述の通りである。新国立競技場設計の白紙撤回、大会エンブレム盗作問題、そして予算の際限なき膨張を目の当たりにして、メッキがすっかり剥がれ落ちた。（仮に、四兆円を「猪瀬予算」と比較すると、五・五倍になる）

なぜオリンピック費用が膨らんだのか？

それは単に見積が甘かったと言うだけではあるまい。

様々なスポーツ団体に、節操もなくいい顔をして、あげく、禿鷹のような金や権力の亡者、団体や企業に言い含められて、積み上がったというのが真因だと思う。

五十五年前の「オリンピック」の成功を脳裏に焼き付いている世代を含め、「オリンピックは不可侵なものだ」と、摺り込まれている日本国民は、オリンピック誘致見積予算などは誰も本気で精査しなかった。それを逆手にとって、最初は微少に見

2018.10.8 このままだと４兆円超え？

積もっておいて、決まってしまえばいくらでも上積み出来るという、「確信犯的」知恵者がいたに違いないのだ。

誘致が決まってしまえば、後は何とでもなるという発想だ。

既成事実を作ってしまえば、あとはどうにでもなると言う発想は、満州での「関東軍」エリート軍人達の採った独断行為と、その発想が酷似していてる。嫌〜な感じがする。

当時、森喜朗氏を代表とする大会組織委員会は、会場整備の仮設施設の費用については、全額支払う予定になっていたが、いつの間にかずるずると、金額はとんでもない額に膨れあがった。

日本人の精神の劣化の総集編を見せられているようで実におぞましい。

私は、このまま目を塞いでやり過ごそうと思ったが、それでは物書きとしての矜持を放棄してしまうと思い直し、「言挙げぞする」ことにした。

拙文を書き進めていた今年に入った一月の十一日、「2020年東京オリンピック・パラリンピック」の招致を巡る贈収賄疑惑で、フランス司法当局が、日本の招致委員会の委員長でJOCの竹田恒和会長を訴追する手続きを開始したと、フランスのル・モンド紙が報じた。平成三十一年（2019年）六月二七日、竹田会長の退任をうけ、山下泰裕氏が就任した。

竹田氏の疑惑は、数年前から報じられていてNHKのニュースでも取り上げられたがその後うやむやになっていた。再び浮上したのだ。東京五輪の招致が決定したのは平成二十五年（2013年）年九月七日。その前後の七月と十月、合計約二億三千万円を日本の銀行口座から、オリンピック開催決定に影響を及ぼす人物に贈賄があったという容疑である。

オリンピック招致には、日本に限らず各国の招致委員が様々な機会を捉えて、裏金を動かしているというのは想像できる。

だが、日本の場合はどうにも金銭に関してガードが甘かった。

思うに、石原慎太郎東京都知事が「2016年オリンピック招致活動」の名目で、平成二十一年（2009年）の六月から十月にかけて特別秘書らを随行し、計一億三千万円の大名旅行を四回行った。招致は無残に失敗したが、どうやらその海外招致出張の辺りから「大きな勘違いの種」が仕込まれていたようである。

ここに至るまで、オリンピック施設研修と称して、役員たちは、豪遊「視察団」を何度も何度も繰り出して学んだはずだが、2012年のロンドンオリンピックのレガシー、コンセプトに遠く及ばない。かつて欧米から忌避された、七十年代の「農協ツアー」と同じように物見遊山「大名行列」の誹りは免れない。一体何を研修してきたのだろうか……。何も変わっていない。まことに残念だ。

さらに不運も重なる。

油圧機器メーカー大手のＫＹＢによる免震・制振オイルダンパーの検査データ改竄事件が、平成三十年（2018年）十月に明らかになった。製品の性能をチェックする検査員が一人しかいなかったことが分かったという杜撰なものだが、装置の交換は最短でも、令和二年（2020年）九月までかかるということだ。

スポーツ庁によると、建設中の新国立競技場には「不正の疑いがある装置」は使われていないという発表だが、どうだろう。現在（2019年4月15日現在）マスコミには一切流れていないが、突貫工事で取り替え作業を実施している最中である。一回作り上げた土台をやり直しての作業だから大変だ。開幕までに交換が完了しないなどということになれば、大変な事になるので、勢いやり直しの突貫工事で、かかるコストは通常よりも大幅アップとなる。その負担、数十億円か、いや百億円を超すかも判らない。その資金はどう説明するのだろう。

当初の新国立競技場建設案が白紙撤回されたが、それにかかった総費用は、六十八億六千万円と日本スポーツ振興センター(JSC)が発表した。その内、設計したザバ・ハディド氏の事務所に、十三億九千万円支払った。ザバ事務所からそれ以外に違約金の支払請求があったが、それは円満に合意できたという。

そもそもＪＳＣという組織は、文部科学省の独立行政法人であり、役員に文部省（現文部科学省）、大蔵省（現財務省）といった中央省庁からの天下り官僚が就任している組織のようだ。よく分からない組織が、このような大事なことを発表するのも一般的には唐突でおかしいと思えるのだが……。

何れにしても、様々な天下りの組織を作り、いい加減な意思決定（ここではあえて「意志」と使わない）の結果、その無駄遣いの資金は、我々国民が負担することになる。日本沈没は令和二年（2020年）から始まると言うよりも、このような腐った組織に白蟻のように群がり、うまい汁を吸ってきた戦後七十五年の様々なツケが、令和二年以降、顕在化し、我々国民に深刻な影響を及ぼすというものだ。

（七）東京オリンピックの危うさ

前述したようにオリンピック憲章によると、大会組織委員会は開催国と開催都市の委員会の下部組織に位置することと決められていたはずだが、大会組織委員長は、内閣府で任命された組織委員会だから、東京都知事から命令される団体ではないと言い放つ。挙げ句の果て、上手くいかなくなると、「二年前から話し合ってきたのだ、今さらいわれても困る」と宣《のたま》う。「蚤の脳味噌」かと唖然としてしまう。昔、「蚤の心臓」と言われた首相がいたっけ……。

オリンピックの放映権料はＮＨＫと民放が共同制作する「ジャパンコンソーシアム」が管理している。ソチとリオ五輪（冬夏セット）に支払った放送権は三百六十億円、平昌と東京五輪に六百六十億円を支払う。一方、アメリカのＮＢＣ局が2014年～20年大会のため支払ったのは四十三億八千万ドル（五千億円弱）である。競技日程が、アメリカ中心の日程、時間になるのはこういう理由だ。なぜ、酷暑の中で実施するか、私のブログの折々の随筆「VOL45」にも記載したが、実体は「銭が全て」のオリンピックなのだ。

国内の協賛企業を集めるマーケティング活動の中心を担う広告代理店は、国内最大手の電通だ。電通は千五百億円以上を大会組織委員会に支払う。

スポンサー企業は代理店を通して、大金を拠出する。「費用対効果」を考えれば、このまま黙って、オリンピックを「成功裡」に終わって貰わないと元が取れないので、事を荒立てずにやり過ごすのである。ちなみに、スポンサー企業はランクがあるが、私が試算した範囲では、トップスポンサー・国内スポンサー・ライセンシングの合計は、三千八百億円にのぼる。（平

成二十九年の資料からの算出だから、実際にはもっと多くなるはずだ）

電通は、これらスポンサーの大会組織委員会との契約により、直接関連以外の広告収入を合わせると、支出の何倍にもなって利益が転がってくる。

オリンピックに挑戦している選手達は、それこそ選手生命を賭けて、日々戦っている。しかしプロのスター選手、協会や団体を通じて協賛企業と契約していない限りは、実につましい生活をしている選手達がほとんどなのだ。これが「アスリートファースト」の実体である。

オリンピック建築特需で、ゼネコン大手四社、鹿島・大成・清水・大林の平成二十九年（2017年）三月期の純利益は、バブル期を上回り、三千九百億円と過去最高である。

また十一万人が必要とされる五輪のボランティア。一生の記念になると、ただ働きでも参加したいという「五輪惚け」の国民の足許を見るように、様々な「恩典」を付加して、できるだけ安く上げようとしている。屋外で活動をするボランティア達は、選手よりも、熱中症の危険があるのだ。宿泊施設もままならないボランティア活動は、一部からは「やりがい搾取」「国家総動員」と揶揄されているが、それこそがこの問題の本質をついている。

平成三十年（2018年）十一月二十日現在、目標の八万人を突破したと発表があった。組織委の発表によると、そのうちの四十四％が外国籍だという。組織委員会は、大会ボランティアを募集するにあたって、はたして基本コンセプトに基づいて、その絞り込みをしたのであろうか。実に甘い。

オリンピックポリシーで言われる、レガシー【legacy】の意味は、「遺産、先人の遺物」の他に、「時代遅れのもの」という負の意味でも使われる。

将来の若者達への「人的投資」として、ボランテイア活動に百億円や二百億円を予算化し、将来に繋げることが「真のレガシー」である。大会が終わった後も、一つの建物維持費に毎年何十億もかかる「レガシー」、即ち「時代遅れの廃墟」となってしまう負の箱物を作ってどうするというのだ。

(八)嫌〜な感覚「歴史は繰り返す」

このオリンピックは東日本大震災の復興五輪と位置づけられていた。いわく、「スポーツの力で被災地を元気にする」「復興に向かう姿を世界に発信する」と誘致活動をした。しかし、私は大きな違和感を覚えていたが、その通りになった。福島第一原発事故も未決のまま、度重なる災害の度に、被災された人々の不安な姿を見るにつけ、口先だけのお題目と映る。繰り返すが、オリンピックそのものが、巨大な利益システムになって久しい。世界中の企業が利権を求めて、血みどろの戦いをしている、いわば資本主義の「暗部」を具現化している集団である。そこをはき違えないで欲しい。

媒体を通じて発表される報道は、かつての「大本営発表」のようなものだと思えばいい。

「オリンピックという仕組みそのものに大きな疑義がある」などと声高に叫ぼうものなら、非国民扱いされることになる。

さすがにここまで来ると、オリンピック開催は不可避となったが、政府、東京都、各種団体、大企業、マスコミと日本中がこぞって煽っているオリンピックを冷静に考えるべきなのだ。

かつてアメリカ・コロラド州の州都デンバー市が、1976年に開催予定だった冬季オリンピックを返上したことがある。

本来、政治や権力から最も遠いと思われている「オリンピック」は、失政の隠れ蓑となり、暴利を貪る絶好の機関になっていることを、日本人は知るべきなのだ。しかし、オリンピックが近づくにつれ、野党も一切批判をしなくなった。国民のお祭り気分に水を差すとイメージダウンになるとでも思ったか……、まあそんなものだ。

「2020年東京オリンピック・パラリンピック」のコンセプトは

「成熟国家となった日本が、今度は世界にポジティブな変革を促し、それらをレガシーとして未来へ継承していく」

というものである。

このコンセプトの言葉の裏側には、オリンピックの名を借り、深刻な問題が山のように隠蔽され、積み残されていることを知るべきだ。

その隠蔽が、顕在化してしまう一例に、オリンピックの経済効果の試算がある。五十五年前の東京大会は、未成熟なインフラを急造し、高度成長をキャッチアップするきっかけとなったオリンピックであった。十分に意義があった。

しかしオリンピックの概念が、前述してきたように時代と共に大きく変質している。

世界中の多くの経済学者は口をそろえて、オリンピックの経済効果を否定する。米シカゴ大学のアレン・サンダーソン教授は

「オリンピック向けに完璧な施設を建てても、大会が終われば邪魔ものでしかなくなる」

と語る。今や「オリンピックへの投資は、まったく投資としての価値はない」と、完全にマイナスだと言い切る学者も多い。

事実、純粋にオリンピックが経済効果を上げたのは、昭和六十三年（1988年）のソウルと平成四年（1992年）のバルセロナまでで、以降は経済効果はマイナスである。

しかし開催都市である東京都は昨年三月、「2020年東京オリンピック・パラリンピック」が約三十二兆円の経済効果を生むという試算を発表した。

多くの日本人は、「1964年東京オリンピック」の経験則をそのまま信じて、やっぱり「オリンピックは、効果絶大だ」と思ってしまうのだが、とんでもない作文だ。

その中身は、「新規恒久施設・選手村の後利用」や「東京のまちづくり」にからむもの。交通インフラ整備やバリアフリー対策の促進に関係する経済活動も含むほか、「水素社会の実現」という項目が、経済効果項目に上げられている。また「文化・教育・多様性」に関係する、スポーツ人口の増加や障害者スポーツの振興、ボランティアの増加なども無理矢理数値化している。

経済の活性化・最先端技術の活用など、本来経済波及効果としてはあまりに間接的すぎる三十兆円を強引に追加して、三十二兆円の「経済効果」だという。

この数値は統計のまやかしで、「お手盛り」もここまで来るとひどいものだ。

「史記」に「曲学阿世」という言葉が有る。「学問の真理にそむいて時代の好みにおもねり、世間に気に入られるような説を

唱える」という意味だが、この作文作りに加担した文化人や学識者「学」の浅さが透けて見える。

大会組織委員会はじめ東京都、マスコミは挙げて、オリンピック・パラリンピックの終了時には、「2020東京オリンピックはお陰様で、大成功のうちに終了しました。国民の皆様のご協力を心から感謝します」

「世界中の一人ひとりに、大きな希望と変革をもたらした『東京2020』大会は、多くの感動を我々人類に強く印象づけ、無事終了いたしました。この『東京2020』大会から、世界中に新しい希望の未来が発信されました。日本国民をはじめ、世界のあらゆる人々の協力を深く感謝いたします」

とまあ、今からいう言葉は、ほぼ右記のように決まっているのだから、「何をか言わんや」である。

私は、オリンピックイヤー令和二年（2020年）の後に、大きな「不況」がやってくると予測している。「2020年東京オリンピック・パラリンピック」は、その転換期（ターニングポイント）になると危惧している。

(九)閉塞感に満ちた世界経済の現実を知ろう

資本主義の貪欲さの象徴、「オリンピックビジネス」の凄まじい一端を記述したが、現在の世界経済は、かつて我々人類が経験したことの無い事態に陥っている。

民間債務と政府債務の両方を含んだ世界の債務、つまり借金は百六十四兆ドル（一京八千五百兆円、実に想像を絶する金額なのだ）と史上最大になり、世界の国内総生産（ＧＤＰ）、全人類が一年間で稼ぎ出す総生産額の七十六兆ドル（八千五百七十兆円）の二倍以上の額が、地球上に借金として存在する。

つまり世界の債務負債がＧＤＰに対して二百十六％にも膨れあがってしまった。実体経済が破綻していると言うことだ。

ＩＭＦの財政局長であるヴィトール・ガスパール（Vitor Gaspar）氏によれば、世界において私たちが抱えている大きな経済危機の一つであるとコメントしている。

マイクロソフト創設者であるビル・ゲイツ氏が、インタビューで「いつかと答えるのは難しいですが、不況が訪れることは確実でしょう」と回答している。発言の影響力を考えて、婉曲に言葉を選んでいるが、肯定している。

十二年前の平成十九年（2007年）の水準と比べると、世界の債務は四十％膨らんでおり、この増加分の内の四十％強は中国に起因している。

ＩＭＦは米政府の債務状況が今後五年以内に、主要七カ国（Ｇ７）中、最貧国のイタリアより悪くなると予測した。中国とアメリカ、二大大国が、世界全体の膨大な借金を生み出し、資本主義の健全化を阻む足枷になっている。経済学者の言を俟たなくても、このような経済活動を続けていれば、何れ破綻はくる。日本をはじめ先進諸国がいくら金融政策を実施しても、膨大な「世界債務」に阻まれて、その効果が出ないのだ。

望むと望まざるに拘わらず、中国、アメリカ政府のやっていることは、互いに覇権を争い、今後も、譲り合うことは難しい。残念ながらその影響を一番受けるのは日本である。

更にもっと重要な事象がある。

国家予算と企業売上額を一緒にした、ランキングBEST10(2017年）の十位にウォルマートが入った。世界最大のスーパーマーケットチェーンであり、売上額で世界最大の企業である。グローバル企業は世界中を市場にし、BEST100の中に七十の企業が入っている。国家より企業のほうが金持ちなのだ。

世界企業は租税回避をして、利益を少しでも増やそうとする。企業がその所属する国の税金逃れを画策すれば、国の税収が減って、国民のサービスができなくなる。結果、国家は他の消費税などで肩代わりせざるをえなくなる。国と企業の相克現象が起こっている。

更にＩＴ技術は、従来の就業活動のみならず、人類の生き方そのものを激変させる。

人類はこれまで「農業革命」、「産業革命」という大きな社会構造革命を経験してきた。農業革命は狩猟と農業を分化し、産業革命は工業や商業を農業に比肩しうる産業として確立してきた。しかし、現在我々が直面しているのは、第三の革命「情報革命」という、従前の二つと比較するよりももっと激しい、シンギュラリティ（Singularity）という不連続な世界がやってくる。シンギュラリティとは「特異点」という意味で、コンピュータ技術や生命科学などの進歩、発展によって、2045年頃には技術的に特異点が生じ、これまでの世界とはまったく異なる時代が出現するというものだ。

(十)政治と貧困の間で

アメリカ・トランプ大統領が主導する保護貿易政策、それに対する中国の応酬は、これからも止むことはない。国家の覇権主義と、為政者の権力闘争と、人間の歴史は同じ様な繰り返しを続けていく。

朝鮮半島の動向もどう動くか予断を許さない。特に、韓国は、政治・経済事情が悪化した場合、日本をターゲットとして、責任回避をはかることは、今後も変わらない。これは感情論とも相まって、実に厄介だが、日本国としては毅然とした態度を取り続けるしかない。

昨年の十二月二十日、韓国海軍の駆逐艦が、海上自衛隊のＰ1哨戒機に、攻撃寸前の火器管制用レーダーを照射した事件がおこった。もしこれが米軍であれば即座に韓国艦に報復射撃をしていた程の大事件なのだ。「敵対行為」「軍事的挑発」であるうえ、「北朝鮮の非核化」に向けた日米韓の連携を崩しかねない暴挙といえる。

韓国の文在寅（ムン・ジェイン）大統領は、経済政策の失敗などで支持率が下がったことで、何の戦略もなく、さらに反日政策を仕掛けてくる。「徴用工訴訟問題」など、日本政府が毅然とした態度を取って来なかったため、ここに来て本来当たり前のことを主張すると、今までにない日韓摩擦が起こる。

地政学的にも朝鮮半島（韓国・北朝鮮）は、中国の勢力下に置かれやすく、元、明、清と長いあいだ冊封体制下に入った国である。彼らは肝心な時に、中国にすり寄る。潜在的に中国が恐怖なのだ。

韓国との交渉は、現状では、民間との交流をきっちりと進めていくしかないのだが、特に韓国や中国に対しては、いちごや高級ブドウ、先端産業の技術や知的ノウハウの流出を防げなかったその反省をふまえて、国はこれらの「財産」を徹底して守るために法的な整備も必要だ。経済活動の違法取締、人材流失も含め、国は全方位で、国家・国民の資産を守る責務がある。

この先、日本の国力は劣化し続ける。高齢化、就労人口の大幅減少という現実と重なれば、そのスピードは加速的に早まるし、とりわけ日本経済は、米国と中国の影響を大きく受ける。日本は、米国と中国への向き合い方が、非常に難しくなってきている。その覚悟を今のうちから頭の中に止めておくことが大切だ。朝鮮半島の問題は米・中と包括的な戦略上で、かつ「隣国」であることも同時に考える、重層的な施策が求められる。

ただ、主たる戦略上のターゲットの、米・中両国も、すねに傷を持つ「超大国」である。

国内の貧困の格差が益々顕著になっているアメリカ。ドル建ての世界経済システムの恩恵によって、その実力以上に浪費しているアメリカ国民、その基本が崩れたらどうだろう。

一方、覇権政策の象徴「一帯一路」政策を借金で賄う中国。国家的な後ろ盾を得て、ＩＴ企業の躍進が著しいが、同時に不動産バブルと、農村との格差が、隠しきれない現状は、剣が峰だ。現在の世界の基軸通貨は勿論「ドル」だが、人民元こそ基軸通貨にしたいという中国の野望もある。しっかりとした、情勢判断が必要になる。

さて、グローバル化という世界経済の流れの中で、大きな歪みも顕在化し、更にその歪みは拡大している。

国際ＮＧＯ「オックスファム」（本部をイギリス・オックスフォードに置く、昭和十七年（1942年）に発足した世界各地の貧窮者のための救済機関）によると、世界の人口の一％の富裕層がもつ資産の総額は平成二十九年（2017年）までに、残る九十九％の人口の資産を合わせた額と同程度になるという推計を発表し、ほぼそのようになった。また、世界の富裕層上位八十人の資産総額は、貧困層三十五億人の資産総額に匹敵するという。

実は貧富の格差は、日本もその例外では無い。

かつて日本は、「一億総中流」といわれてきたが、ここに来て日本の相対的貧困の比率が上昇している。相対的貧困とは、ある国や地域社会の平均的な生活水準と比較して、所得が著しく低い状態をいう。

貧困には「絶対的貧困」と「相対的貧困」とがある。

前者は人間として最低限の生存を維持することが困難な状態で、住む家がない、食べ物がない、服や履き物に事欠くなどで、日本には殆どいない。後者の「相対的貧困」は、大したことではないと思っている方が多いが、そうではない。

その国の文化水準、生活水準と比較して困窮した状態を言う。例えば、経済的な理由で高校に進学できない、勿論、塾や予備校などに行くこともできない。あるいは部活動に参加できないなど、これからの日本を背負って立つ若者達が一番の被害者である。ちなみに、一昨年の相対的貧困率は十五・六％で、六人に一人が貧困ラインを下回っている。先進国三十五ヶ国中、貧困率が七番目に高い日本である。

金額にすると一人世帯では年収百二十二万円、両親と子ども二人では二百四十四万円、月収およそ二十万円以下であれば貧困状態になる。いずれにしても、子どもの相対的貧困を放置した場合、進学率が下がり非正規雇用につく可能性が高くなり、多くの人たちの収入が減っていき、結果的に、国家的損失に見舞われるという試算である。日本財団が、平成二十七年に（2015年）に「子どもの貧困の社会的損失推計」レポートの全文を公開した。

日本財団では、子どもの貧困対策を、慈善事業ではなく経済対策として捉え、教育・所得格差の解消に有効な投資対効果の高い施策の模索が求められるとした。

たとえば、現在十五歳の貧困世帯（生活保護世帯、児童養護施設、ひとり親家庭）の子ども約十八万人が、六十四歳までに得る所得の合計を、現状のまま放置した場合と、子どもの教育格差を改善する対策を行った場合の二つのシナリオを比較した。わが国では、最終学歴や正規・非正規といった就業形態による所得の格差が存在するため、教育格差が生涯所得に大きく影響する。推計の結果、現在十五歳の子ども一学年だけでも、社会が被る経済的損失は約二・九兆円に達し、政府の財政負担は、一・一兆円増加することが明らかになったという。

単に「可哀想だ」という視点からでは、具体的な戦略は生まれない。日本財団の試みは実に有意義な推計だと思う。

（十一）　2020年の世界経済と日本

平成三十年（2018年）後半から、アメリカと中国の貿易摩擦の影響で、中国の景気は大幅に後退しているが、いよいよ両国の覇権争いが本格的に始まった。米中の間《はざま》で大きく揺さぶられる「日本」になることは間違いない。経済面から捉えれば、中国は巨大なマーケットだし、安全保障の面からはアメリカとの関係は維持しなければならない。日本は今まで以上に厄介な立場に立たされる。

国際政治学者、イアン・プレーマーは

「ハイテク技術をめぐる『新冷戦』の始まりで、これまではアメリカが技術を主導し、世界を席捲したインターネットがその象徴であったが、これからはアメリカと中国は、そのハイテク技術によって分断される。一つは中国とその企業によって主導する世界、もう一つはアメリカと同盟国が主導する世界が生まれる。ハイテク技術によって二つの世界が築かれ、グローバリズムの時代は終わる」

と述べている。彼は新冷戦と今後の世界を「グローバリズムの時代が終わる」と捉えたが、実はそんなに単純ではない。様々な要素がからみ合い、それぞれに影響し合い、時として影響の係わり方が変わるからだ。

それにアメリカのトランプ大統領は、アメリカファーストと称して、自分の権力に酔っている。この先何をしでかすか判らない。次々に高官を更迭し、側近にイエスマンだけを置いている。いずれ「そして誰も居なくなった……」となる恐怖さえ感ずる。一権力者の感情のままに、世界が変化する。アメリカ民主主義は何処へ行こうとしているのだろう。

全人類が一年間で稼ぎ出す二倍以上の借金額が、地球上に存在するこの閉塞感。さらにウォルマートを代表として、国家よりも巨大な売上を上げる企業や、我々の情報までコントロールできるアメリカの巨大ＩＴ企業「ＧＡＦＡ」。

グーグル（Ｇ）、アップル（Ａ）、フェイスブック（Ｆ）、アマゾン（Ａ）〉などは世界中の人々のサービスや日常の暮らしまで変えてしまった。世界の影の支配者とも言われる。
　これら「ＧＡＦＡ」四社の時価総額合計は、昨年十一月二日の終値で約三百二十兆円にも上る。これは、英国のＧＤＰをも上回る。四社の二〇〇七年度の売上高合計は約六十二兆円で、こちらは台湾やスウェーデンのＧＤＰを上回っている
　しかし「ＧＡＦＡ」はこれまで史上類を見ないペースで急成長を遂げ続けてきたが、徐々に包囲網が築かれつつある。つまり、企業が国家よりも強くなっては、国家が成り立たなくなってしまうのだ。それで、独占禁止法や競争法の適用、税制、そしてデータ・プライバシー規制など、国家と、巨大企業化が敵対、共生する重層的な構造になっていくだろう。

　イギリスのＥＵ離脱は、平成三十一年(2019年)の三月二十九日までとなっていたが、四月十一日現在、離脱の期日をことし十月三十一日まで延期することで合意した。これにより、ＥＵと何の取り決めもないまま離脱する事態はひとまず回避されることになった。

　しかしこのまま「なし崩し撤退」ということになれば、移行期間もなく、離脱に伴う衝撃緩和措置も決まらないまま、短期的にヨーロッパからも国際社会からも孤立し、島国イギリスは鎖国状態に追い込まれてしまう。妥協という急展開の道筋も未だに残っている。

　ＥＵ加盟以来の数十年間、人や物はイギリスの国境を越えて自由に行き来してきたが、それがなくなる。通関手続きと入国審査が必要になり、国境は混乱に陥る。

　イギリス貿易は、自由貿易協定を締結していない国同士の貿易の原則を定めたＷＴＯ（世界貿易機関）のルールに頼らざるを得なくなり、より多くの規制やコスト負担に直面する。

　在英ＥＵ国民やＥＵ域内在住の英国民の権利や将来は即座に不安定なものになる。金融面では、クレジットカードの手数料は引き上げられ、イギリスの銀行はＥＵ域内での営業ができなくなる。あらゆるマイナスが顕在化する。勿論ＥＵそのものの存在意義も問われることになる。

　イギリス国民は、かつて世界を制した「大英帝国」繁栄のイメージを持っている。だから「きっと何とかなる」と思っていた。

しかし、そうはいかない。

イギリス・ロンドン出身の世界的なロックバンド「クイーン(Queen)」の大ヒット曲に「Bohemian Rhapsody（ボヘミアン・ラプソディ）」がある。和訳すると「放浪民的な狂詩曲」と言う意味で、「ボヘミアン」はジプシーに代表される放浪の民のように自由な生活を送る人を指すこともある。

その歌詞に

Is this the real life-　これは現実の人生
Is this just fantasy-　これはただの幻想
Caught in a landslide-　地滑りにあって
No escape from reality-　現実から逃れることができない
Open your eyes　目を開いて
Look up to the skies and see-　空を見上げてみなよ

出典：Bohemian Rhapsody/ 作詞 :Freddie Mercury 作曲 :Freddie Mercury

この曲は、壮大な、オペラ・ロックの物語になっているのだが、その冒頭が右の歌詞である。イギリスの今を表しているような歌詞から始まる。

ＥＵ離脱を煽った政治家は、頬被りをして責任は取らない。「氷の女王(The Ice Queen)」と呼ばれるメイ首相が頑張っているが、遅きに失した。六月十二日、そのメイ首相が刀折れ矢尽きて涙の辞任表明を行った。

ここまで述べたことはいわば表層的な現象だが、世界経済の深い構造的な問題と重なり、令和二年(2020年)にそれらの影響が、複合的に連鎖するシナリオが、日本にとって、即ち日本国民にとって一番恐ろしい。

東京オリンピック・パラリンピックの反動と、世界経済の大きな負の連鎖と重なると、我々日本の経済環境は、残念ながら一層悪くなる。国力が萎えた日本、様々な問題が、積み残しになっているこの国の政府は、一人一人に救いの手を差し伸べるようなことはしないし、出来ない。

(十二)拡大再生産という資本主義経済システムの終焉

さてここまで、日本の現状をその歴史から、現在のことにまで書き進めた。併せて、米中の覇権主義の構図から、イギリスのEU離脱のことにまで話を進めた。

資本主義経済システムに大きな異変が来ていることを、折々に触れた。

平成二十年(2008年)九月のリーマンショック後、世界の中央銀行は量的緩和と金利ゼロ政策を実施した。量的緩和とは金融市場を通じて世の中全体に流通するお金の量そのものを増やすということだ。

ゼロ金利政策は、銀行はほぼゼロ%の金利でお金を調達することができるので、銀行が企業や個人などにお金を貸し出す時の金利も低くなる。貸し出し金利が低くなると、企業は設備投資をしやすくなる。よって景気が刺激され上向くという仕組みである。量的緩和によって、計画的なインフレ状態を作って、お金を貯め込んでいても価値は目減りしてしまうため、お金が消費や投資に向かわせ、企業業績は向上し、結果給料も増え人々が安心してお金を使え、お金が回っていくようになることで、経済や景気の拡大へとつながるという経済政策だ。アベノミクスの大きな柱の一つである。

しかし、どうだろう。現実の展望は、極めて厳しい。

ひと言で言うと「資本主義の限界」が既に始まっているということだ。

資本主義経済は、物がない時代には有効な経済システムであった。拡大再生産のサイクルで製品を作り、その市場に参入した競争者達によって製品の改良も進む。しかし先進国、とりわけ日本、我々の身の回りには物が溢れている。目先を変えた新商品や、システムは常に開発されているが、それらは追従者に直ぐに追いつかれる。

そうならないために、これまでは経営・販売上の戦略として、ブランディング（branding・「ブランド化」あるいは「ブランド力」）を図り、企業・商品・サービスなどについて、他と明確に差別化できる個性（イメージ・信頼感・高級感など）をつくりあげることに全力を尽くしてきた。そしてそれは、資本主義経済をこれまで維持し続け、拡大再生産主義を支えてきた理論の一つであった。

実際、ブランド力は消費者の選好に大きな影響を及ぼす。それは、我々の想像以上のパワーを持つ。

ブランドコンサルティング会社の米インターブランド社は、ブランド価値を金額に換算する試みを行っている。算出方法は不明だが、同社の日本法人が、二〇一九年二月十四日に発表した、グローバルに展開する日本企業（海外売上高比率が三十％以上）のブランド価値ランキングによると、トヨタ自動車が十一年連続首位で、価値は五百三十四億ドル（約五・八兆円）にも上った。これは、「トヨタ（TOYOTA）」というブランドに五・八兆円の価値があることを示している。

しかし、このブランディングを維持し続けることが、ＡＩ（人工知能）の急速な発達で難しくなったのだ。

コモディティ化（commoditization）即ち「汎用化」という状態が促進され、企業の販売、サービスなどが、あっという間に追従され、差がなくなってしまう。

「自動車をコモディティ（汎用品）にはしたくない」

と言ったのは、トヨタ自動車の豊田章男社長だ。マツダとの資本提携会見での発言だが、強い危機感が背景にある。

自動車が電動化することによって重要部品が要らなくなり、簡単に作れるようになる。そして、ＩＴ化、ＡＩの進歩で無人操作などますます知能化し、家電化し、自動車業界という垣根は無くなり、自動車の個人所有から更に進んでシェアリングされていくことで、汎用品になっていく。そこにはブランドという個性は必要なくなるし、自動車メーカーというカテゴリーも存在しなくなるという推論だ。

自動車ビジネスの将来は、このように電動化、自動運転化、シェアリングビジネスの台頭などによって従来の「自動車」という固定観念さえも覆えしてしまう。

現在この発想は、まだ「極論」として捉えられているが、ＡＩの驚異の進化は、十年も経たずにそういう状況になり、企業の商品、サービスの差別化は埋没し、そこから拡大再生産は生まれないということになってしまう。

(十三)「維持生産システム」という構造変革と障壁

これまで「アメリカファースト」という自国中心主義を標榜するアメリカのトランプ政策を批判したが、彼のやり方は独善であるが、拡大再生産という、資本主義の絶対的サイクルが成り立たなくなった一面を示している。見方を変えると彼のやろうとしているのは、「地産地消」のアメリカ版である。人口が爆発的に増加し、世界がグローバル化しているにも拘わらず、いやその結果、自国ファーストを最優先しなければならなくなる。

それはどういうことだ。おかしいではないかと思うはずだ。十数年前から「世界はグローバル、グローバル」と経済・金融学者が大騒ぎをして、グローバル化が推進された。そのグローバルとは各国が得意分野に集中することで、生産性があがり、一番良いものが一番安い価格で手に入る社会を目指したはずだった。それで世界がハッピーになるはずだった。

経済評論家の児島康孝氏が実に本質を突いたことを述べている。

「グローバル化の推進論者は、各国が得意分野に集中することで生産性が上がり、世界は良くなると主張します。（中略）しかし、これには大きな誤りがあります。グローバル化は、各国の国民の収入がそのまま（あるいはそれ以上になり）で、雇用もそのままということが前提になっているのです」

ところが実際には物価は安くなったが、コスト競争で従来の企業はそれについて行けず廃業・閉鎖せざるを得なくなり、雇用が無くなった。失業者がグローバル化によって産み出されたという皮肉な現象になったのだ。

グローバル経済に棹さすような、トランプの「アメリカファースト」が何故支持されたのかはそういう理由だ。イギリスの

ＥＣ離脱も同様である。

「グローバル、自由化なんてとんでもない」

ということになる。

アメリカのそういう失業者やＥＣ自由貿易の弊害を是正しようとすることも、「維持生産システム」の一つではないかと思う。

つまりその国や地域の消費を最優先し、余ったら世界や他の地域に売るという経済システムを作り上げようとしている。今後は、このような流れが主流にならざるを得ない。

それが極端になれば「保護貿易」ということになる。

ちなみにグローバル化によってもたらされた、物の価格（生産コストの低減）の下落分と、雇用の喪失（人件費の削減）の差は何処に行ったのか。

グローバル企業といわれる巨大企業の内部留保と、発展途上国の賃金アップに流れたのだ。この結果、アメリカでは、貧富の差が益々開き、白人系アメリカ人の地位が低下した。彼らにとって「アメリカファースト」が支持される理由の一つである。

(十四)「維持生産システム」を構築するには

国家予算よりも売上を持つグローバル企業は、何処までも拡大する必要性に迫られる。コモディティ（汎用品）を売るのだから、一定の基準を満たした商品を、世界中から一番安く大量に生産させ、仕入れる。巨大な資本と販路がなければ不可能である。他の企業は追従が出来なくなる。こうして、企業の中でも「拡大」と「維持」と、益々二極化が進むことになる。

違う言い方をすれば、中国系、アメリカ系、ヨーロッパ系、日本系それぞれのほんの数社が、グローバル競争をすることになり、それ以外の大多数の企業は「維持生産システム」にならざるをえない。

国家の、あるいは国民の生活を成り立たせる維持生産システムにおいて、確保しなければならない要素は、エネルギー、食料、資源材料である。この分野が自給、あるいは安定的に供給されれば、危機的な状況を迎えても、飢餓は免れる。そんなことは起こりえないと思うなかれ。我々は経済活動の拡大再生産の終焉に備えて、自衛しなければならないのだ。我々が暮らしているこの日本では、この三つをしっかり検証しておかないと、生活そのものができなくなってしまう。

例えばエネルギー。

原子力発電に頼らない日本近海に内蔵するエネルギー資源、天然ガス。日本人が使うの百年分以上の埋蔵量があるという。このメタンハイドレート（「燃える氷」と呼ばれる）の実用化は国策の第一として、もっと多くの人材と資金を投入すべきである。最低でも百二十兆円の金銭的価値があるとなると、中国、朝鮮半島を含めた日本近海の安全防衛も必要となる。

食品自給への努力は今後の日本のあり方を決定的にする。

農林水産業とのあらゆる分野で、バイオテクノロジーの技術促進をし、養殖漁業・栽培漁業、農業ビジネスという発想が必要になり、農業法の抜本的改正が迫られる。

また資源（鉄鉱石や銅をはじめとした鉱石類など）については、日本がこれまで通りの必要な量を同じ価格で確保することは非常に難しくなっている。中国、インドなどが工業製品の原料となる資源やエネルギーを確保しようとする動きが活発となり、資源に乏しい日本にとっては厳しい。資源外交の腕の見せ所、あるいは日本が誇る総合商社の真の実力が問われる。

特に「人民元」という国際通貨でない貨幣を使い、アフリカの資源を買い漁っている中国と妥協はあり得ない。現代のハイテク機器には欠かせないレアアースの確保・備蓄戦略など手綱を緩めるわけにはいかない。省資源化・代替材料の開発、リサイクル技術、新技術の開発など、この分野でも勿論「日本国」として一歩も引けない。

我々は、今、こういう経済的、政治的な厳しい背景で生きているということを知っておくべきなのだ。

そうでないとただいたずらに迎合したり、闇雲に反対するだけになってしまう。

押し引き自在の戦略的思考が、必要になる。

(十五)TPPと日本農業

押し引き自在の政策といえば、日本など十一カ国が参加する環太平洋パートナーシップ協定（以下、TPP）が、平成三十年（2018年）十二月三十日発効した。アジア太平洋地域の人口五億人超の巨大な自由貿易圏が誕生した。総合的に見て、TPPへの加入は中期的に日本の「国力」を維持するのに貢献してくれるだろう。

加盟国の農畜産物の関税が撤廃または引き下げられるため、消費者には、より安価に食料品が手に入ることになる。加盟国全体で九十九％の品目の関税が最終的に撤廃される。日本の関税撤廃率は農林水産品で約八十二％、全品目ベースで約九十五％となる。当初は米国を含む十二カ国が合意・署名したが、平成二十九年（2017年）一月に米国が離脱した。日本が主導してここまで漕ぎ着けた。

六カ国は日本、メキシコ、シンガポール、ニュージーランド、カナダ、オーストラリア。ベトナムは平成三十一年（2019年）一月十四日の発効。残るマレーシア、チリ、ペルー、ブルネイも早期の発効を目指す。

発効に伴い、加盟各国が工業製品の関税を引き下げるため、自動車・部品などの輸出増が見込まれるほか、外資規制緩和や電子商取引などのルール整備も行われる。

しかし、牛肉や豚肉のほか、チーズや果実など幅広い農畜産物の関税が引き下げられる。当然政治団体として大きな力を持つJA農協は、全面反対だった。

農業就業人口は昭和三十五年（1960年）千四百五十四万人であったが、平成三十年（2018年）には百七十五万人と減少し、五十八年間で八十八％も減少してしまった。今では、GDPに占める農業の割合は一％を割り込んだ。しかし、不思議な統計がある。

農家数が激減しても、最近の農協の正組合員は四百七十二万人、准組合員は四百九十七万人で、両者合計で、九百六十九万人近い組合員を擁している。何とも不思議な数値なのだ。

農業を止めても正組合員のままでいる人が多く、地域の人であれば農業と関係なくても組合員となれるという准組合員制度がある。この准組合員が正組合員を上回っている。実はこの人数が、選挙の集票に早変わりする。だからＴＰＰは自民党支持者はＴＰＰ賛成なのに、自民党議員は反対派が圧倒的だ。

日本農業の危機なのだ。構造的問題がここにある。農協、自民党の癒着の構造を変えない限り、農家の経営支援策を実施しても全く意味がない。小選挙区制度の弊害でもある。この矛盾の根本を我々はしっかり確認し、自民党議員の一人一人だけでなく、国会議員の言動をチェックすべきであろうし、ここをいい加減に誤魔化すような政治家は、単なる「政治屋」である。また、ここまで悪魔的に肥大してしまったＪＡ農協。その存在は解体を含めて、最大の経済的政治問題にすべきである。

借入金などでがんじがらめになっている専業農家は単なる「コマ」としてしか利用されていないし、自民党集票に都合のいい法律改正などしていては､日本の農業は壊滅的に破綻する。現在でも破綻している疵口をこれ以上放置していてはいけない。

また先に、「ＴＰＰへの加入は中期的に日本の『国力』を維持する」と記載したのは、ＴＰＰシステムは、各国の国内事情とも絡んで、安定的なものではけっしてないのだ。だから同時に、地産地消の生産システムとして、ＩＴシステムを最大限に利用した農業政策の具現化、つまり「最悪でも国民の誰一人も餓死させない農業政策」が必要になる。

五十年、百年をふまえた食料国家戦略とは、そういう重い意味を持つものだ。

（十六）戦後七十五年、日本人の向き合った「世界」

日本国政府の主張していること、日本人の「個」としての利害は、必ずしも一致しない。政治と経済政策は、国家と個の利害をできるだけ一致させ、収斂させるような制度が理想なのだが、それはあくまでも理想の世界である。現実にはそのような世界は存在しない。

理想を掲げるのは大切な事だが、現実を正しく把握しない限り、それは単なる空想、妄想でしか無い。我々日本人はとかく都合良く解釈し、中途半端に納得してしまう。それは過去を引きずらないという美点でもあるが、同時に大きな間違い、誤解を招く日本人の欠点でもあり、お人好しのところである。

まず第一は、戦後七十五年目を迎えても、日本は未だに敗戦国という「負の烙印」が押されたままである。これは国民全体が覚悟しておかなければならない事実である。

日本語では「国連」、国際連合と訳されているが、元々はUnited Nations (UN) だから、(戦勝) 連合国という言葉の意味で、枢軸国 (Axis powers) に対する組織である。日本の外務省が敗戦後の国内情勢を勘案して「国際」と付加したものである。これをもって誤訳とは言えないが、もともとの意識が希薄だと、戦後七十五年の「何故日本が……」という日本のおかれた立場は決して理解できない。

その国際連合憲章の条文の中に、第二次世界大戦中に連合国の敵国であった国に対する措置を規定した敵国条項がある。「Enemy Clauses」または旧敵国条項は、国際連合憲章（以下「憲章」）の条文のうち、第二次世界大戦中に連合国の敵国であった国（枢軸国）に対する措置を規定した第五十三条および第百七条、敵国について言及している第七十七条の一部文言を指す。国際連合の条文では、日本が再度戦争を起こそうと画策したと判断されただけで、いつでも戦勝国側（米・英・中・ロシアほか戦勝国など）は、無条件で日本を攻撃できるという条文である。たとえば第二次世界大戦中に連合国の敵国であった日本がアメリカに都合の悪いことをすれば、国連決議を得ずしていつでも軍事的に攻めても良いという条文である。現在でも「国連の」敵国条項がはずれていないのは日本のみとなっている。

同時期に敗戦国であったドイツ、イタリアは、ＮＡＴＯ加盟国として、正式に同盟国になったことで敵国条項ははずされている。

現在、敵国条項は「死文」化しているようにみえるが、国際情勢が今後緊迫してくると、戦勝国はこれをちらつかすことが出来るのだ。事実、中国との尖閣諸島の領有、ロシアの北方四島返還交渉など、この敵国条項をちらつかせて自国に有利にしようとしている。外交交渉とは、武力も含めあらゆる手段をつかって、有利に結果を得ようとする本気の知力戦だ。

戦後の日本外交は吉田茂に代表されるが、対米一辺倒の政策であった。戦後の世界は、米ソの二極体制と、冷戦が基本構造であり、ましてや、GHQ占領下の日本では、そこから外れることは許されなかった。当時は歴然と「負の烙印」が押されていた日本であった。日本の政治は、今に比べると非常に楽なものであった。

ヨーロッパの多極的な複雑な国家間の関係などないこの時期、日本の生きる道はアメリカに追従するしかなかった。吉田茂はその範囲でしたたかであったという、それだけのことである。

高坂正堯氏は、吉田茂を当時の時代とあわせてこう捉えた。（「世界史の中から考える」高坂正堯著、新潮選書）

「二極体制の下では、日本独自の軍事力はさして必要ではなかった。それに加えて、アメリカに対する自己主張として、アメリカが作った憲法をタテとして【再軍備】を拒否するのがよいと吉田茂が考えたことが重要である。実際、彼は軍事力不要論ではなかった。昭和三十年代の半ばに彼が軍事問題を真面目に考えるべきだと主張したことはそれを示している。もちろん、彼はよき外交官として、軍事力が最重要な要因とは考えなかったが、よき外交官であったから、軍事力不要論などという幻想は持たなかったのである」

説明は不要であろう。先の国連での敵国条項、敗戦後進駐軍の情報統制など、我々日本人は忘れてはならないのである。

それに、戦後七十五年、日本の中小零細企業は常にアメリカに煮え湯を飲まされ、ごり押しされてきた。

日本政府はアメリカの要求に対し、常に中小企業を切り捨ててきた歴史を忘れてはならない。

（十七）ジャパンバッシング

米ソの冷戦時代、アメリカの傘の下に、高度成長時代、資本主義経済の拡大再生産の恩恵を受けた日本だが、同時に大きな妥協も強いられてきた。本来、日本が享受して当然の収益は、日米貿易摩擦に代表されるように、戦後からこれまで、何度となく、日本が苦渋を舐めさせられた歴史である。それはジャパンバッシングと総称される歴史である。

昭和四十七年（1972年）年の日米繊維協定、昭和六十年（1985年）レーガン政権でのプラザ合意、昭和六十三年（1988年）の不公正な貿易への対処、報復を目的とした通商法スーパー301条、平成七年（1995年）の超円高とあらゆる局面で日本が譲歩してきた歴史である。

このジャパンバッシングは現在に続く教訓を、我々に残している。そして、資本主義が拡大再生産と人間の欲望と業によって成り立っていることを改めて知ると同時に、歴史は繋がって、しかも一瞬にして、経済環境は様変わりするという現実を我々に突きつける。

一九七〇年代のアメリカ合衆国の経済が、インフレーションと景気後退に苦しむ傍ら、日本は世界第二位のGDPを誇るまで経済成長を続け、対米貿易は十年以上も黒字を続けていた。一般的にこの時期の円は実力以上に安かったと考えられており、ここから米国内の対日感情は悪化する。日本人が、調子に乗りすぎた結果である。

一九八〇年代にアメリカを追い抜き、世界一だった日本の半導体はアメリカにより叩き潰された。八〇年代半ば、日本の半導体は世界を席巻し全盛期にあった。技術力だけでなく、売上高においてもアメリカを抜いてトップに躍り出、世界シェアの五十％を超えたこともある。特にＤＲＡＭ（Dynamic Random Access Memory）（ディーラム）は日本の得意分野で、廉価でもあった。

アメリカはあらゆる手段をつかって、徹底的に日本を叩いた。

「日本半導体のアメリカ進出は、アメリカのハイテク産業あるいは防衛産業の基礎を脅かすという安全保障上の問題がある」というのが、アメリカの対日批判の論拠の一つであった。現在、トランプ大統領が中国に突きつけている「論旨」と全く変わらない。（中国は日本が叩き潰されたその過程をしっかり学習して、米中貿易戦争に臨んでいるはずである。）

日米安保条約で結ばれた「同盟国」など、いざとなると関係がないのだ。アメリカにとっての防衛産業の基礎を脅かすという安全保障が脅かされる危険があれば激しい対抗手段を繰り広げる。

こうして昭和六十一年（1986年）七月に結ばれたのが「日米半導体協定」（第一次協定）だ。

「日本政府は日本国内のユーザーに対して外国製（実際上は米国製）半導体の活用を奨励すること」とアメリカに有利になる内容が盛り込まれ、日本を徹底して監視した。

昭和六十二年（1987年）四月になると、当時のレーガン大統領は「日本の第三国向け輸出のダンピング」および「日本市場でのアメリカ製半導体のシェアが拡大していない」ことを理由として、日本のパソコンやカラーテレビなどのハイテク製品に高関税（100%）をかけて圧力を強めた。

平成三年（1991年）七月に第一次協定が満期になると、アメリカは同年八月に第二次「日米半導体協定」を強要して、日本国内で生産する半導体規格をアメリカの規格に合わせることや日本市場でのアメリカ半導体のシェアを二十%まで引き上げることを要求した。平成九年（1997年）七月に第二次協定が満期になる頃には、日本の半導体の勢いが完全に失われてしまった。アメリカはようやく日米半導体協定の失効を認めた。

時同じくして、平成三年三月から平成五年（1993年）十月までの景気後退、いわゆる「バブル崩壊」を迎えた。昭和四十八年（1973年）十二月から続いた安定成長期は終わり、失われた二十年と呼ばれる低成長期に突入した。日本のエレクトロニクス関係の企業は、半導体部門のリストラを迫られていた。それまでのＤＲＡＭは供給過剰となって日本の半導体に打撃を与え、二度にわたる日米半導体協定によって圧倒的優位に立ったアメリカ半導体業界が進めるファブレス（半導体の設計は行うが生産ラインを持たない半導体企業）など、研究開発のみに専念する生産方式についていけなかった。時代は既に設計と製造が分業される形態を取り始め、平成五年にインテルがマイクロプロセッサーPentiumを、平成七年（1995年）にはマイクロソフトがＰＣ用のＯＳであるWindows95を発売すると、ワークステーション時代からＰＣ時代に入り、インターネットの時代へと突入し始めた。

当時の通産省が率いる包括的な半導体産業に関する国家プロジェクトは、分業という新しい流れについていくことを阻害した側面がある。この章の最初の行に「日本国政府と、日本人の『個』としての利害は、必ずしも一致しない」と記載したが、日本に属する企業、個人としての日本人は、国家の大きな制約を受け、無防備な弱者がいつも大きな痛手をうける。

（十八）漁夫の利を許すな

東芝をはじめとする日本の総合電機が半導体事業を抱え込んだまま沈んでいったが、それは分社化する決断と経営の臨機応変さが欠けていたことが主たる原因であった。そしてその端緒は「日米半導体協定」（第一次協定）でアメリカからの大きな制約を受けたことも影響している。そこには、世界経済の凄まじい覇権力と、権力欲が渦巻いている。ルールも正義も何もない。スパイ映画など到底及ばない、企業と国家を巻き込んだドロドロの世界だ。勝者のみが、覇権を握れる。何をしても結果がすべての世界の中で、我々は生きている。

平成三十年（2018年）の半導体売上高ランキングでは、韓国のサムスン電子（Samsung Electronics）がインテル（Intel）との差をさらに広げ、平成二十九年（2017年）に続き首位に立った。二〇一八年におけるサムスン電子の半導体売上高は八百三十二億五千八百万米ドル（九兆一千五百八十億円）で、前年比二十六％増となる見込みだ。一方、二位のインテルは七百一億五千四百万米ドル（七兆七千百七十億円）で前年比十四％増になる。サムスン電子とインテルの売上高の差は、二〇一七年は七％だったが、二〇一八年は十九％にまで開いた。ちなみにサムスン電子の昨年の全体売上は、二十三兆七千百四十億円で、世界の十三位。アップルの売上は、二十九兆二千百六十億円で十一位。

ロボットや航空機をはじめ、家電、自動車、医療機器など、今やあらゆる機械に半導体が活用されている。半導体は、まさに現代社会に欠かせない「産業の米」となったのだが、半導体にはさまざまな種類があり、目的・用途に応じて、水平・垂直に分化し、専門化して世界の半導体産業は分業化が進んでいる。米国勢を中心とした先進国の半導体メーカーは依然、先端技術で世界をリードしているが、韓国勢を筆頭とした新興国の半導体メーカーは、低価格を武器に汎用品でシェアを握るようになった。さらに、中国の通信機器大手「華為技術（ファーウェイ・テクノロジーズ）」も進出してきた。平成三十年十二月一日、ファーウェイの創業者、任正非（レン・ジョンフェイ）の娘の孟が、カナダのバンクーバーで飛行機を乗り換える際にカナダ当局に逮捕された。米中貿易戦争というよりも、近未来を見据えた、米中IT情報戦略の激しい戦いが始まっているのだ。

半導体メーカーの世界ランキングトップのサムスン、二位インテルであっても、この先どうなるかは予断を許さない。

かつて、世界シェアの五十%を超えたこともある日本の半導体業界だが、「日米半導体協定」で、不振に陥り、東芝をはじめ、多くのメーカーが研究者・技術者のリストラを行った。その苦い歴史のあとを振り返って見よう。今がはっきりと見えてくる。

リストラされた日本の半導体関係の技術者を韓国のサムスン電子が次々とヘッドハンティングした。また平成二十六年(2014年)には、東芝のフラッシュメモリーの研究データを韓国企業に不正に流出させたとして、東芝と提携している日本の半導体メーカーの元技術者が逮捕されたこともある。

東京福祉大学国際交流センター長の遠藤誉氏の言葉を引用する。

日本の半導体関係の技術者がリストラをひかえて窓際に追いやられていた頃、技術者の一部は「土日ソウル通い」をしていたのである。

その人は元東芝の社員で、非常に高度な半導体技術の持ち主だった。（日本では）半導体部門が次々に閉鎖され、上級技術者もリストラの対象となって、すでに「もしもし」と声がかかるようになっていた。解雇は時間の問題だった。そういった人たちのリストを韓国は手にしていた。そこで水面下でこっそりと近づき、甘い誘いを始めたのだ。

金曜日の夜になると東京からソウルに飛び、土曜と日曜日の二日間をかけて、たっぷりとその半導体技術者が持っている技術をサムスン電子に授ける。日曜日の最終フライトで東京に戻り、月曜日の朝には何食わぬ顔をして出社する。

（その当事者が語ったことによると）

「彼らはですね。私たち技術者を競わせて、そのときどきに最も必要な技術者を引っ張ってくる。半導体も、どのようなハイテク製品を製造するかによって内容が変わってきます。私ら、やや古株から吸い取れる技術を吸い取り終わると、なんと突然『解雇』されるわけですよ。もっとも、闇雇用ですから、『解雇』という言葉は適切ではないんですがね……。要は、『用無し』

になったわけです」

こうして、日本の半導体技術は、アメリカに徹底的に打ちのめされ、その間、方向性を見失い、世界の潮流を見失った。東芝、富士通などの主要企業をはじめ通産省の脇の甘さである。重要なノウハウは韓国サムスンに流出し、気づいたときには後の祭りというわけだ。

核心部分の技術は一度盗まれたら取りかえしがつかない。技術者の弱みにつけ込んで、甘い言葉で釣って誘惑し、捨てる。世間一般の言葉では、これを窃盗・詐欺という。時代劇の言葉で言うと「女衒《ぜげん》」の手口である。遊郭などで性風俗関係の仕事を強制的にさせる人身売買の仲介業であり、人買の一種のようなものだ。日本人あるいは日本に存在する組織がこれらの仲介者として存在していたのは明らかで、サムスン電子、実質はサムスン財閥（三星財閥）の裏に、韓国政府の直接間接の後ろ盾があるのは予測される。

現在、韓国のＧＤＰの十八％がサムスングループに依存する。そして輸出の二十一％を占めている。サムスングループがコケれば、韓国という国家が成り立たなくなってしまうのだ。

韓国社会では、朴正熙大統領以来、サムスンや現代など、いくつかの財閥が非常に強い力を持っている。韓国の大統領の末路は、今まで、亡命、暗殺、自殺、逮捕・収監、身内のスキャンダルなど決まって不幸に見舞われる。財界と政界の癒着が非常に強く、一期五年の任期が限られた大統領制のもと、前大統領が追及される繰り返しだ。在籍中に大統領特権を利用しようとした親族が一人でもいれば、そのような追及を受ける危険性が常につきまとう。現職大統領の強い権限で、どんな些細なことも、追及しようとすれば簡単にできてしまう。現大統領文在寅（ムン・ジェイン）も、退任後同じ轍《てつ》を踏むかもしれない。それは、朝鮮半島の持つ民族的な特性とも相まって深刻な問題だが、朝鮮半島に暮らす朝鮮人独自ではなかなか解決できない歴史的な文化、経済、地理的環境の闇がそこにある。中国儒教の表層部分の影響、いわば血縁・地縁の過度の優遇、儒教の五つの道徳法則（五倫）のひとつ、長幼之序の形骸化などが主な理由である。

何れにしても文在寅大統領の対日政策が全く「無い」現状では、何をしても無駄だろう。韓国五大財閥と言われる、前述のサムスン、そして現代自動車、ＳＫ、ＬＧ、ロッテの売上合計は韓国ＧＤＰの六十％にあたるが、ここに来て業績を悪化させている。財閥を守らなければ国家は持たない。しかし大多数の韓国国民がその犠牲になっている。文政権はその不満を、日本バッシングにすり替えているのだから、この先もそう主張し続けないと政権は持たない。小手先の経済政策は整合性がなく、中小企業が却って業績を悪化させている。

我々日本人は、対韓国に対して、まとわりつく嫌な感覚を覚えても、余計な挑発をしないことだ。それよりも日本国民にとって、大事な有形無形の「資産」を流失させない様々な措置を講ずるなど、迅速にすべき事が山ほどある。

日本で開発された高級ぶどうの苗が中国に流出したが、開発した日本の農研機構が中国で品種登録しなかったのが大失敗。韓国に日本のイチゴ品種が流出した損害は、二百億円を上回る。昨年十一月には、和牛精液が中国へ流出される直前で、今年三月に、犯人逮捕となった。何百億円の損失に繋がる。時間をかけて日本人が必死になって作り上げた資産を、世界中が狙っている。日本を支える知的財産の大切さを農水省（勿論、経済産業省も）は本当に判っているのだろうか。ガードが甘すぎる。

（十九）世界の中の日本の立ち位置

民主主義体制における外交は、常に相手国政府との合意と、自国世論の調整という「両面にらみのゲーム」である。

そして合意後も、双方、相手国政府が立たされている状況を踏まえた上で、適切に対策を講じなければならないというのが、国と国とが付き合っていくための大原則だ。その均衡が破れてしまえば、両国の関係は忽ち頓挫する。まさに現在の日本と韓国の関係はそのようなものである。妥協点を探り合って国家間が合意した条約を、為政者が変わったからと勝手に破棄し、あるいは放置し、国と国民の感情は別物だと言うのは、国家としても、国家統治の責任者としても恥ずべき行為である。それを調整するのが国家であり、外交であるからだ。

元治元年（1864年）八月五日、長州は四国連合艦隊（英・仏・米・蘭）と戦い三日後に降伏するが、四ケ国は幕府に賠償金を要求した。

三百万ドルという大金である。当時の三百万ドルは二百二十五万両。一両の価値は現在の価値に換算して約二万円とすれば、四百五十億円。ただし当時の物価比較基準がいろいろあり、上述の倍にあたる九百億円という換算もある。幕府は、六回に分けて支払う事になった。幕府の金庫は空になった。半分の百五十万ドル支払った時点で幕府は潰れたが、明治政府がそれを引き継ぎ、明治七年（1874年）までかかって支払いを済ませた。

国家間の約束とはそういうものだ。それが遵守できないならもはや国家ではなく、政府の役割を放擲しているといわざるを得ない。

ここから日清戦争の締結、日露戦争の講和条約を締結したそれぞれの責任者、陸奥宗光、小村寿太郎の政治家としての矜持を見ていくことにする。

日本外交の責任者としての明確な自覚と、交渉術、滅私の意志などをはっきりと感ずることができる。この二つの戦後処理は、列強の中におかれた日本の立ち位置と、マスコミによって踊らされた狂乱の国民感情に対して、どう折り合いをつけたのかを学ぶことが出来る。

明治二十八年（1895年）四月に日本軍は陸海で清国軍を破り、日本側が伊藤博文と陸奥宗光、清国側は李鴻章らを全権として下関で講和条約を結んだ。老獪な李鴻章を逃げ場無く追い詰める陸奥の手腕と、先読みの能力は圧巻である。

江戸時代後期の幕末に、土佐藩脱藩の浪士である坂本龍馬が中心となり結成した組織に「海援隊」があった。

当時、坂本龍馬は

「武士を捨てて、ソロバンで生きてゆけるのは俺と陽之助（陸奥宗光）位のものか」

といったという。三十二歳で暗殺された龍馬と肺を患い五十三歳でなくなった陸奥。二人で一緒に、もう一仕事できていたら日本も面白かったと思う。

その陸奥宗光は、彼の著「蹇蹇録《けんけんろく》」のなかで、こう述べている。

「平壌、黄海開戦以前において窃《ひそ》かに結局の勝敗を苦慮したる国民が、今は早《はや》将来の勝利に対し一点の疑いも容れず、余す所は我が旭日軍旗が何時を持って北京城門に進入すべきやとの問題のみ。ここにおいて乎、（略）将来の欲望日々に増長し（略）、唯これ進戦せよという声の外は何人の耳にも入らず。この間も深慮遠謀の人あり、妥当中庸の説を唱うれば、あたかも卑怯未練、毫も愛国心なき徒と目せられ、殆ど社会に歯《よわい》せられず、空しく声を飲んで蟄息《ちっそく》閉居するの外なき勢いをなせり」

陸奥は世論などというものは、上手に操作されると、いかようにもなってしまうことを嫌というほど知っていた。国民は、連日の報道によって清国を完膚なきほどに叩きのめしたと信じている。賠償金は取れるだけとって、日本国民の鬱憤を晴らさなければならぬと思っている。しかし外交は一国で決められることは何もない。妥協がつきものである。外務官僚が大きな国家を背負って、交渉する孤独と苦悩は、こういうことであろう。ここで言う妥協とは、例えば「では中をとって……」というような哲理を持たない単純な妥協ではない。そんなことをすれば忽ち相手の術中に堕ちてしまう。

更に陸奥は述べる。

「スペンサー（Herbert Spencer・1820年～1903年12月8日。イギリスの哲学者、社会学者）、かつて露国人民が愛国心に富めるを説きたる末、そもそも愛国心とは蛮俗の遺風なりといえり。これすこぶる酷評なりといえども、徒に愛国心を存してこれを用いるの道を精思せざるものは、往々国家の大計と相容れざる場合あり。即ち当時国民の熱情より発動したる言行が、欧州強国の感情にたいし多少の不快を与えたることはなしとは言いがたかるべし」

愛国心の表し方は実に難しい。特に、明治のこの時代、成り上がり者の愛国心ほど厄介で難しいものは無いと、陸奥の嘆息が聞こえる。

この期になっても、「尊皇攘夷」志士そのままに、単細胞の輩が、数多く存在した。さぞやりにくかったろうと思う。

下関条約は

「清国は（一）朝鮮の独立を認める（二）遼東半島・台湾を割譲する（三）賠償金二億両（約三億円）を支払う」

という締結内容だった。ところが露独仏の三国干渉で日本は遼東半島を手放さざるを得なくなった。この時の「臥薪嘗胆《がしんしょうたん》」が後の日露戦争につながるのだが、この後、露・独・仏からの外圧によって、遼東半島を手放すことになるが、陸奥は外圧をあらかじめ読んだ上で、下関条約で遼東半島を清に要求していたという。

先の先まで読むことは難しい。当時、目先の「愛国心」を剝き出しに白黒つけねば気がすまぬと言う、国民の怨嗟をはねのけるのは容易なことではなかったはずだ。

また同じように、日本の命運を賭した日露戦争。

明治三十七年（1904年）から翌年にかけて、満州（中国東北部）、朝鮮の支配権をめぐって日本とロシアとの間で行われた戦争である。日本は旅順攻撃・奉天の会戦・日本海海戦などで勝利を収めたが、戦争遂行能力が限界に達し、ロシアも革命勃発などによって戦争終結を望み、米国大統領ルーズベルトの斡旋により、翌年の九月四日、ポーツマスで講和条約が締結された。全権・小村寿太郎は国民の多大な期待を肩に、ポーツマス講和会議に臨み、ロシア側全権ウイッテとの緊迫した駆け引きの末に劇的な講和が成立した。

しかし樺太北部と償金の放棄は、貧困に耐えて勝利をしたが、一円も取れずに講和したとして、国民の憤懣を呼んだ。数万人が首相官邸、政府に好意的な記事を書いていた国民新聞社を襲撃し、警察署・交番や電車に火を放つなどの大騒ぎになった。しかも仲介したアメリカにまで矛先が向き、アメリカ公使館やアメリカ人牧師のいる教会まで襲われ大混乱となった。無政府状態に陥った東京には戒厳令（一時的に軍隊が統治すること）が出され、二千人以上を検挙することでようやくこの暴動を収めることができた。被害は死者十七名、負傷者五百名以上という有様であった。

小村とウィッテの駆け引きは、吉村昭先生の「ポーツマスの旗・外相小村寿太郎（新潮文庫）」をお読み頂くことをお薦めする。名利を求めず交渉妥結にその命を燃焼させた外相・小村寿太郎。身の丈五尺そこそこの男が、全てを背負って、交渉する姿は感動である。

蛇足だが、この講和条約に武官の一人として随行した後の陸軍大将、立花小一郎は、奥州下手渡藩三池分領地の参政立花碩《おおい》の長男としてうまれたが、現在執筆中（令和元年六月現在）の、長編歴史小説「秋の遠音」の中で、その小一郎が乳飲み子として描かれている。歴史は、不思議な縁に繋がれている。

(二十) 米・中・韓との交渉

さてエゴとエゴのぶつかり合いである国家間交渉の「今」にフォーカスしてみよう。

身の丈以上の消費を謳歌するアメリカ。アメリカ向け輸出で高成長を続けた中国。この「危うい共依存」の先には何が待っているのか。日本と韓国で、互いに煽り立てている嫌韓嫌日感情に危惧を持っているひとりだが、ここまで感情的に捻れてしまうと政治的修復には時間がかかる。加えて「嫌日感情」を政権維持のために利用している文大統領政権の下では、それは難しい。具体的な進展は政権交替時期以降になろう。それに、一昨年(2017年)の日本からの韓国への輸出額は五兆九千七百五十億円。韓国からの輸入額は三兆千五百三十億円。差し引き二兆八千二百二十億円の貿易黒字になっている。

両国間の経済取引は、この先大幅に減少するとは言え、日韓の経済交流は、中小零細企業の取り引きも多く、ある限界点を超えると、日韓の弱者企業が一遍に崩壊してしまう危険もはらんでいる。文大統領は、新年初の記者会見で「日本政府は謙虚になれ」と発言したが、ここで韓国の輸出が大幅に減少し、経済危機になればどうするのか。文大統領の短絡な政治思想が、特に韓国中小企業の経営者、労働者を直撃する。(勿論、対韓輸出の日本の中小企業も打撃を受ける)

更に付け加えると韓国は、輸出の二十六%が中国向け。この中国経済が、不動産バブルによる過剰債務の重圧で信用収縮を起し、さらに、米中貿易戦争の影響が、直接(輸出減)・間接(心理不安)に出て来た。中国は昨年十二月、輸出が前年同月比四・四%減。輸入は同七・六%減となった。いずれも十六年以来最大の落ち込みで、韓国は中国が最大の輸出先だけに、その影響をまともに受ける。

韓国が依存する中国経済は減速していく。今後の中国経済の見通しは暗い。現在、交渉中の米中通商協議が貿易面でまとまったとしても、本丸は中国の経済構造改革で、簡単にまとまるとは思えない。さらに国内経済特有の問題がある。過剰債務の重圧で信用収縮が起こって、企業は資金調達に四苦八苦している。中国人民銀行は、金利を下げたくても米中金利差の拡大で、資金流出の危険性が強まる。それは、外貨準備高の取り崩しにつながり、中国経済は、八方ふさがりになる可能性が強い。

中国政府は、「2019米中貿易交渉」にあたって、「時間」というカードを見据えて、二枚腰で迎え撃とうとしている。どういう打開策が見いだせるか、交渉の裏舞台は、実に興味深い。

日本は、中国、韓国との交渉に限ってみても、多面的外交、多面的経済政策を採りつつ、劣化する日本の国力と睨みながら、時間との闘いになる。

また、ロシアの北方領土返還交渉も、ロシアの交渉術は、小村とウイッテのポーツマス条約で判るように、あらゆる手段を使って、少しでも有利にと迫ってくる。

歴史は常に重層的なものだ。

読者の皆さんはロシアの大河小説、長編小説の重層的なプロットをご存じだろうか。感性中心の私小説的短編小説を好む日本的国民性とは「粘っこさ」が違う。物語の構成そのものが全く違う。

私ごとだが、受験勉強を本気でしなければならない高校三年の秋に、長編のロシア文学、大河小説にはまってしまった。

特に、ミハイル・ショーロホフの大河小説「静かなドン」、岩波文庫で全八巻ある。第一次世界大戦、ロシア革命に翻弄された黒海沿岸のドン地方に生きるコサック達の、力強くも物悲しい生きざまを描いた内容だが、一番大事な期末試験時に、徹夜して読み耽り、散々な試験結果だったことを覚えている。

しかし、その時思ったことがある。最後の数行を書くために、何千枚もの原稿を書き綴るロシア人の粘りに驚嘆したことだ。日本の長編と言えば、山岡荘八先生や海音寺潮五郎先生の歴史上の名前を冠した長編小説はあったが、ロシア的な長編小説は無かった。その時の思いが今に続いて、長編歴史時代小説を書く動機の一つになったかも知れない。

日本では新聞連載の長編小説が多い中、六十近くなって、敢えて書き下ろしの重層的なプロットを施した小説に挑戦したくなった。近年日本の小説家デビューは、新聞社や出版社の懸賞募集から始まる事が多い。しかし、売れっ子の作家先生達（作家として実力云々は別問題で、名前が売れているという意味である）が選考委員だから、応募要件は、せいぜい原稿用紙二百枚から三百枚程度の短編に限られる。選考委員が原稿を読むのに時間をかけられないからだ。

賞に選ばれ、一躍マスコミの脚光を浴びた「作家」を売り出すために、出版社はマスコミと組んで、その作家をタレントにしなければならない。本が売れない時代に、本を売るためには、それが一番の販促だからだ。

その作家は、自分で資料収集する時間もなく、読者迎合の作品を作り続ける。

しかしその作家が、人間の機微が見えてきた六十歳も半ばを過ぎた辺りに、長編小説を俄に書きたいと思っても、筋書きを練る時間もなく、既に気力・創造力が極端に落ちてしまっている。

実際、著名な作家も高齢になって超長編を創作すると「ボロボロな作品」になってしまう。（私の知る限り「読まなきゃ良かった」という駄作が多い。あるいは書か（け）ない方が殆どだ。洒脱なエッセイなどとは全く別物だから）

ということで現在、普通の作家とは真逆な戦略で「超長編時代小説」の最後の「秋の遠音」を書いている。

「長編歴史時代小説・四季四部作」は、そういう私なりの大きな拘りをもって創作した作品群である。

実在の人物を物語に配したが、その活躍が殆ど知られていない人物達が主役である。資料収集に通常の何倍もの大きなエネルギーが無ければ決して完成しない。何れ、私の作品は「日本」「日本人」を重層的に考えるよすがとして楽しんで頂けると思っている。

（二十一）世俗で普通に正しく生きていくことの難しさ

前述した陸奥や小村のように、交渉にあたっては、勝ちすぎてもいけないし、中途半端な妥協はもっといけない。タフで粘り強い不屈の交渉力が求められる。この二例は交渉の極限の例で、国家を代表しているがゆえに決して譲れない情報戦であり、全智の戦いでもあった。現在行われている、ロシアとの北方四島の返還交渉をはじめ、真の外交交渉とはなにかを我々に考えさせてくれる。そしてその過去の交渉結果は、良くも悪くも現在にまで繋がっている。国家間の交渉は遙かな時間を経過しないと判らないという難しさがある。

我々の日常にも、このような交渉が常に存在する。しかし我々の生きている世界は、国家間の交渉とは大分違っている。それは、あなたの活動する時間、つまり「生きる（生きられる）時間」が限られているということだ。

だから条約交渉のような国家間の永続的な関係を考えて交渉することよりも却って難しいこともある。

人間社会は、死にかけた獲物に群がる禿鷹のように、厳しい生存競争の中にいて、少しでも隙を見せると忽ち日常の生活まで脅かされてしまうこともある。そういう経験をせずに一生を終える「幸福？」な方もいるが、それをもって濃い一生を終えたとは言い切れない。

他人と話をすれば、何時かはわかり合え、理解してくれるというが、そもそも宗教観、生死観は、生まれ育った風土、文化によって大きく違う。

「人間だもの、きっとわかり合える。わかりあえずとも理解し合える」

と他人と接するも、不幸にも追い詰められ、悩み、孤独に陥り、遂には自分自身を傷つけてしまうこともある。

残念ながら、中途半端な哲学や宗教、心理学では、この一番身近な「人間関係」を円滑にすることすら出来ない。

逆説的にいえば、その悩みにぶつかって様々な解決の有り様を、必死で探り当てる「苦行」行為そのものが、宗教、哲学であるともいえる。

「提婆達多《ダイバダッタ》」は、仏教で最大の極悪人といわれた人物だが、もともとは非常にすぐれた人で、当時のインドでは仏陀に次ぐ人格者であったという。そういう人格者といわれた人間にも表と裏がある。それが人間の怖さである。人間の中には「悪と善」両方の側面があり、純度百％の善人も純度百％の悪人もいない。その仏教は提婆達多ひとり、救済できていない。

さて、あなたの直ぐ周囲に偽善の仮面を被った「人間失格」の輩がいるかも知れない。小人物で小賢しい人間ほど、喉の奥に小骨が刺さったように何時も貴方を傷つける。

例えば、あなたの職場、所属する組織、そう、あなたの生活エリアの中に、我欲の塊、人格破綻者がいるかもしれない。はっきりそれと判ればその人間は、社会から隔離されるのだが、厄介なのは、表向き、法に抵触するようなことは決してしない。しれっとした顔をして、実に上手に嘘をつき、他人を平気で陥れる。上手に立ち回るのでその人間の本性は知られることがない。実に狡猾なのだ。相手が自分よりも強い立場の間はひたすら平伏し、自らが「法や常識」の番人のようにふるまう。だが陰に回って、信じられないほどの非道を働くが、多くの人間はその本性を見抜けない。そして、ひとたび権力を持つと自分に靡《なび》かない人間を徹底的に貶める。そういう輩の犠牲者となると、精神をズタズタにされてしまう。小さな違和感が積み重なって堆積すると、精神をむしばんでしまう。我慢していると精神が「癌」化してしまうこともある。

　こういう輩に目をつけられたとき、あなたはどうするか。相当な覚悟をして戦わなければならないし、中途半端だと却って逆ねじを喰らわされる。どうすればいいのだろう。

　実はかの孔子様も悩んでいる。

孔子の「論語」（憲問第十四）にこうある。

「或るひとの曰わく、徳を以て怨みに報ゆるは、何如。子の曰わく、何を以てか徳に報いん。直《なお》きを以て怨みに報い、徳を以て徳に報ゆ」（ある人が「恩徳で怨みのしかえしをするのは、いかがでしょう」と言った。孔子は述べられた。「まっ直ぐな正しさで怨みにむくい、恩徳によって恩徳におかえしすることだ」）

　また、（公冶長第五）に言う。

「子の曰わく、巧言令色、足恭《すうきょう》なるは、左丘明《さきゅうめい》これを恥ず、丘も亦たこれを恥ず。怨みを匿して其の人を友とするは、左丘明これを恥ず、丘も亦たこれを恥ず」（孔子がおっしゃった。口先が達者で見てくれがよく、うやうやしさが過ぎるのは、古の賢人左丘明は恥とした。私もこれを恥とする。怨みを心に抱いているのに、表面上は友達付き合いをするのは、よくない）

　この解釈は怨みをいだくことに執着してもいけないことであるが、そこを克服できない弱さを感じざるを得ないのも人であり、そうなら、人間として誠実であるためには、表面的な付き合いなどしない方がよいと言っている。日本人は、そう一般的に論語を解釈する。

　しかし、漢人としての孔子の抱く復讐心は、日本人が思うそれではない。その視点で、孔子の言葉を見直すと、この言葉は凄いものだと感ずる。私はこの孔子の抱く感情は人間臭くて好きなのだが、一方で従来の日本人の思う「孔子」からは大きくずれてしまう。日本人のほとんどは、「老子」の「怨《うら》みに報ゆるに徳を以《も》ってす」が徳を備えた人間としての道であり、そもそも孔子も、老子と同じく強烈な復讐心などあるはずがないとおもっている。

「怨み」の気持ちが生じるのは必要以上に物事に執着するからであり、「徳」を備えた人間は怨みなど抱かないという老子一流の表現が、日本人は好きなのだ。戦後蒋介石が示したように……。

しかし、老子の基本理念はご存知のように「無為自然」であるが、我々の思うように、世俗を離れて生きていけるわけでは無く、霞を喰って生きてはいけない。孔子は「仁」という人間関係が主として述べられるが、後に、科挙試験として儒学が取り入れられたように、人は成長するほど偉くなるものという考え方は「立身出世主義」に結びつきやすい。

しかしよく考えてみれば、孔子の主張する「儒学」と、「老子」は、その裏表と考えると、中国人の一筋ならざる、面白さというか、心の表裏が見えてくるのである。

孔子の偉大さは、「現実の中で決して逃げない」ところにある。怨みもバネにして強い生き方をしたのである。日本の儒学者達が神聖化した「孔子」では、これからの日本人と中国人（漢人）の付き合いの本質は見えてこない。「論語読みの論語知らず」になってはいけない。

孔子の一生は挫折の一生であったが、孔子が十七歳の時、季孫氏の饗宴に出向いたことがあった。家老であった陽虎《ようこ》（陽貨）が孔子を阻止し、

「我が君は士をもてなすのであって、貴様のような小僧に馳走するわけではないわ」

と罵倒された。貧しく身分賤しく、しかし野望に燃えていた孔子はその時の屈辱を一生忘れなかった。

陽虎は「論語」「孟子」に陽貨という名で出てくる、孔子にとって生涯の天敵であった。その陽虎がクーデターによって魯の実権を握る。同年、陽虎は、孔子を召抱えようとし、また孔子も陽虎に仕えようと心が動く。それは論語にも記されていて、孔子の心の動きも見える。また陽虎と孔子は二人とも巨漢で容貌が似ており、孔子は陽虎と見間違えられ、命を狙われるようなこともあった。

孔子を日本人という「枠」の中で考えてしまうという発想は、和辻哲郎の「孔子」（岩波文庫）にもあって、

「それから二十五年たって、陽虎のゆえに孔子は李氏の政治から退いた。そういう敵役を一人ここに連れ込んだというほかに

これらの伝説の意味はない」

　という。残念ながら、和辻氏の発想には、孔子には日本人とは違う漢民族たる発想があるという認識が欠けている。

「子貢曰く、君子も亦悪《にく》むことあるかと。子曰わく、悪むことあり。人の悪を称する者を悪む。下流に居て上を訕《そし》る者を悪む。勇にして礼無き者を悪む。果敢にして窒がる者を悪むと」（子貢が孔子に尋ねた。君子も普通の人と同じようににくむことがありますかと。孔子が答えて、それはあるとも。他人の悪い点を言い触らす者をにくむ。部下にも関わらず上司を謗る者をにくむ。勇気はあるが、礼儀を弁えていない者をにくむ。物事に果敢に取り組むが物事の道理に通じていない者をにくむと、おっしゃった）

　孔子は若いときに受けた屈辱と怨みをバネに、挫折した心を癒やすために精神的苦痛を持ち続け、その意志を政治に生かそうと努力した。しかし遂にそれは実らなかった。日本人とは全く違う思考回路を持つ「孔子」の行動がそこにある。しかしその強固な意志を持つ孔子であっても、天敵の陽虎の誘いに心が動いた。陽虎の誘いに乗っていたら、後世に孔子の名は残らなかったであろうと思う。

　とまれ、我々は普通の凡人である、孔子のように憎しみを強烈な原動力として生きる生き方は「偉大な凡人」だからできることである。

「天敵」にかかずらわることを止め、新しい環境も視野に入れることも生きるための方策の一つだと思っている。そのためには自分にとって「天敵」であるか否かを冷静に調べる判断力が求められる。そして、不幸にも前述したような、狡猾な人格破綻者だと判ったならば、さっさと逃げることだ。その「天敵」の支配する空間から逃げることは、人生から逃げることでは無い。新しい自分の空間を見つけ出し、新たな自分自身の価値観を見いだすことのほうが、何にもまして大切な事だと思っている。人生は短く一度限りなのだから。

(二十二)日本の年金事情

世俗の煩わしさを離れて生きることが出来れば「苦」から逃げ出すことが出来るのだが、そうはいかない。これから出家して布施だけで暮らしていく勇気も私にはない。もっとも近頃のお坊さんは、我々凡夫より現世的で、主要な仏教経典、宗派経典も読まず、軽薄な理窟を振りかざして、死んだあとまで金品を搾り取る「悪徳坊主」がいるのだからたまったものではない。

かといって、私の年でリスクを負い、今から起業しようとする気持はない。これまでコンサルタントとして黒子に徹し、厳しい実業の世界を何十年も経験してきた。それに物書きとして、言葉を生み出すことは、想像以上に大きなエネルギーが必要になる。それに耐えるだけで精一杯だ。

ただこの先、年金だけで老後を暮らしていけるなどと言う考えも甘いと判ってきた。

マスコミは

「このままでは年金システムが破綻」

「年金積立金が、平成三十年(2018年)第三、四半期の運用で、十四兆八千三千億円の損失を出した」

この六月には　老後の三十年間で二千万円の貯金の取り崩しが必要になると指摘した金融庁審議会の報告書の問題がいろいろと取り沙汰されている。

かしましく年金の危機が叫ばれている。しかし事実を把握しないでこれらの言葉を鵜呑みにしても、不安を一層煽られるだけである。

上滑りの論議に一喜一憂しないように、年金の骨子を考えておきたい。まず、平成二十七年(2015年)ベースで年金の大きな構造を見てみることにする。

(A) 働く世代から徴収している保険料は、　35.1兆円

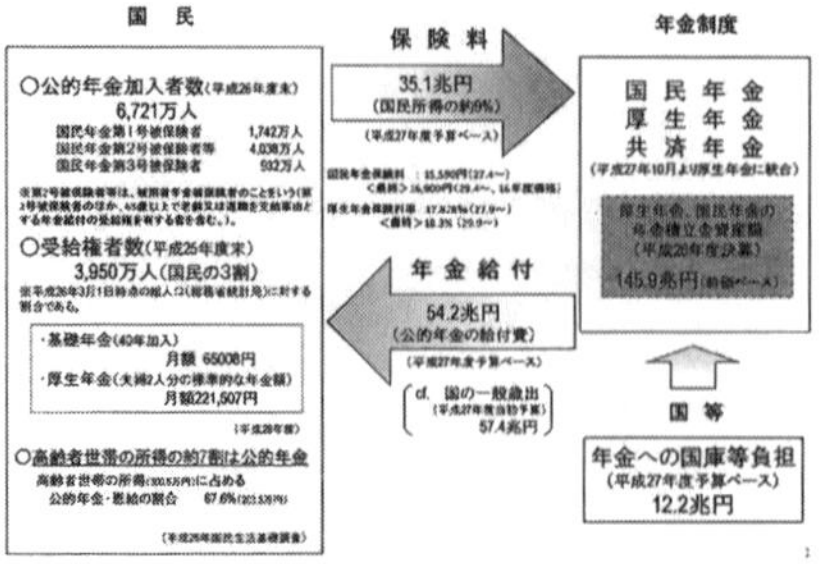

公的年金の流れ

(B) 国が負担する「年金に対する国庫負担金」　12.2 兆円
(C) 実際の受給者に対する年金支給額　54.2 兆円

働く世代の保険料(A)と国の負担(B)を合わせた金額が【四十七兆円三千億円】に対して、年金受給者への支給額(C)は【約五十四兆二千億円】で、その不足する金額(差額である【六兆九千億円】)について年金積立金を取り崩している計算になる。

まず　国が負担する「年金に対する国庫負担金」とはなんだろう。

支払われる「基礎年金」(国民年金)すなわち、老齢基礎年金、障害基礎年金、遺族基礎年金の三種類の金額の二分の一を「国庫負担金」として支払う。

その不足には、前述したように「年金積立金」を取り崩して充てることになっている。

この「年金積立金」を運用管理しているのは、正式には、GPIF・年金積立金管理運用独立行政法人という、長い名前の公的機関で、国から年金積立金の運用を委されている組織である。

平成二十九年(2017 年)の年度末の積立金は、百六十四兆円(時価ベース)あることになっている。

この積立金の運用は、金融商品の投資による。実際に、どういう商品に投資をしているかと言うと、その半分は、国内や海外の株式、つまり価格が変動するリスク資産の運用で占められている。当然、差益の出るときと、損失が出るときがある。サブプライム問題やリーマンショックという一連の問題で大きな損失が出た時には、百二十兆円を下回った。その後増加傾向をたどっているが、前述のように中国の景気減速をきっかけに株安や世界経済が不安定になってくると、大きな損失を出すこともある。ただ、年金積立金を今のような形で、市場で運用してきた十五年間を累計すると、およそ四十五兆円の運用益が出ている。

しかし、その不足する金額(C)—(A)—(B)=【六兆九千億円】の不足額を年金運用でカバーできればいいが、毎年、七兆円の不足額を補っていくためには、単純計算で年率十五%の運用利回りをとらなければならない。これは実際には不可能に近い。

単純計算すると、令和十二年(2030 年)頃には、年金受給額は現在の六割くらいになっているだろうと予想される。これからますます少子高齢化が進み、(A) 保険料は減り、(C) 支給額は増えるという構造的問題があり、よほど大きな改革をしなければ制度破綻は免れない、ということは誰でも判る。

　これを改革するには、単純だが、(A) 保険料を増やす (働く世代の負担を増やす)、または (C) 支給額を減らす (年金受給世代の負担を増やす) ということしかない。あとは、手持ちの原資をどう配分するかということしかない。

　さて、この問題は限られたパイの配分なのだが、誰もが納得する「解」に至る事は決して無く、本当に難しい。

　私の祖父は昭和三十五年 (1960 年) 三月十三日に大腸癌で六十五歳で亡くなった。祖父と祖母と同居していたので、当時の祖父の雰囲気は今でも鮮明に記憶に残っている。老人とはこういうものか、人はこうして老いていくのかと、目の前で繰り広げられた闘病生活で、近しく「死」を体験することが出来た。祖父を通して、日本の風習や文化は私の身体の中にも伝承された。

　当時、祖父母も父母と一緒に生活していて、随分と「老人」だと思っていたが、既に私は祖父の亡くなった年齢よりも、三つも馬齢を重ねてしまった。

　祖父の亡くなった昭和三十五年男性の平均寿命は六十五・三二歳、女性は、七〇・一九歳。祖父の寿命は日本の男性としてほぼ、平均の寿命だったわけだ。この昭和三十年間後半から、国民皆年金が確立され、その制度が基本的に現在まで続いている。ところが、五十六年後の、平成二十八年 (2016 年) は、平均余命が男性八十一・〇九歳、女性八十七・二六歳まで延びた。財政のバランスが失われることは容易に想像できる。さらに厚生労働省は、同年の、介護を受けたり寝たきりになったりせず日常生活を送れる期間を示す「健康寿命」が、男性七十二・一四歳、女性七十四・七九歳だったと公表した。つまり、寿命と健康寿命の差は、「不健康」となって介護や、入院など多額の医療費がかかるということだから、健康保険料金も増加の一途を辿ることになる。

　私なりに有効な解決策を求めて、いろいろと調べてみたが、それぞれに一長一短があって、結局「対症療法」でずるずると先送りするしかないのかなと思う。

「こうすればすべて上手くいく」と言うような、解決案をネット上で探して見たが、すべてタイトル倒れだった。

加えてこれらについて調べるうえで障害になるのは、公表されている政府資料の数値が限りなく曖昧なのだ。政府の統計資料は読みづらく、比較加工しづらい。素人だからそうなのかもしれないが……。

平成三十一年（2019年）一月にニュースが飛び込んできた。

厚労省が「毎月勤労統計調査」で、全数調査が必要な対象事業所の一部を調査せずに集計していることを知っていながら、長年にわたって放置し、あたかも正しい手法で実施したかのように偽装していたことが明らかになったというのだ。

この統計の正しさが担保されないと、すべての政策がおかしくなってしまう。

統計調査の内容やデータを変えて平均賃金を低く見せかけた結果、国民が受け取る失業給付や労災の遺族・障害年金、介護休業給付などが数百億円も減らされ、追加支給が必要になる。被害者は延べ二千万人にのぼるという。

過去にも厚労省では「薬害エイズ事件」や「消えた年金問題」、データ流失など、重大な不祥事が繰り返された。いわば脛に傷を持つ「省」なのだ。

平成十九年（2007年）の「消えた年金」問題では、五千万件を超える年金保険料の納付記録が消され、年金が支払われないままになっていることが発覚した。それに怒った国民が年金事務所に殺到し、第一次安倍政権を揺るがす事態となった。

これまでに約三千万件が判明、総額一兆六千億円の未払い年金が追加支給されたが、未だ二千万件の記録が特定されていない。

先に「年金改革は本当に難しい」と書いたのは、厚労省に対する不信感でもある。

これは、ちょっとやそっとでは払拭出来ない。大臣や諮問委員などはいくらでも替えられるが、厚労省の役人の総入れ替えは出来ないからだ。厚労省は日本国民の「命のカネ」の強大な権限を持っている。生活に直結する多くの統計調査を実施し、いたずらに複雑な計算式を積み上げ、その数字を少し変えるだけで年金や医療費、失業保険などの社会保障給付をいかようにも増減できる。財務省、外務省、経済産業省などと比較すると、一ランク低い官僚と評価され、ノンキャリアの管理も甘く、やる気（Motivation）も、業務の重大さの認識に欠けているのではないかと思う。事態はかなり深刻と思ってよい。

厚生年金のチラシには、

「公的年金は広義の保険であり、老齢・障害が残るようなけがや病気・死亡などに対してみんなで支えあう仕組みです。公的年金に加入して保険料を納めていくことで、生涯にわたって安心を得ることができます。

　公的年金が皆さんに提供するもっとも大きな価値は、金額ではなくこの安心です。そのため、制度を維持し、皆さんがずっと安心して暮らしていけることが、公的年金の最大の意義ともいえます。

　このように、経済的な損得ではなく、公的年金のメリットである生涯にわたる安心に、もっと目を向けてもいいのではないでしょうか」

とあった。しかし一番の「不安」は、年金を管理する厚労省それ自体だとしたら、自分の事は自分で守らないと、この先の老後は厳しいなあと、このチラシを読んで無性に不安を覚えたのは私だけだろうか。

◈厚労省に関連した主な不祥事	
1989年３月	リクルート事件で元労働事務次官を逮捕（有罪確定）
96年10月	薬害エイズ事件で元厚生省生物製剤課長を逮捕（有罪確定）
2004年２月	社会保険庁による年金保険料の無駄遣いの実態が判明
4月	日本歯科医師会の診療報酬改定をめぐる贈収賄事件で、厚労相の諮問機関委員だった元社会保険庁長官を逮捕（有罪確定）
05年12月	タレントらの年金情報「のぞき見」問題で、社保庁が約1750人の処分発表
07年２月	社会保険庁による、年金記録のずさんな管理で「消えた年金問題」が発覚
18年２月	働き方改革関連法をめぐり、裁量労働時間の調査で不適切なデータ比較が発覚
12月	毎月勤労統計の調査で、雇用保険での過少給付が判明

（二十三）「定常経済」とは

これまで資本主義経済活動は、拡大成長しなければ永続しないと言われていた。はたしてそうだろうかと思っている。拡大しようとすればするほど、貧富の差が拡大し、国家間の摩擦が更に進み、一方では巨大企業が益々売上を増大させる。全人類が一年間で稼ぎ出す総生産額の七十六兆ドル（八千五百七十兆円）の二倍以上の額が、地球上に借金として存在する。我々の知らないうちに膨れあがった「借金」は逓減不可能なのだ。欲望の資本主義（共産主義は資本主義から誕生したその変種である）は今や地球全体を覆い、人間が産み出した「欲」の塊だ。この現象は熱力学で導入された、エントロピー（entropy）増大の法則がそのままあてはまる。エントロピーの低い状態を一言で「秩序ある状態」という。初期資本主義にあっては、余計な澱《おり》が無いため、金融政策や財政政策は簡単に機能した。しかし、掌握不能、実体の倍以上の負債が無秩序に存在することから、エントロピーは高く（数値が大きく）、無秩序、混沌という状態が今である。

いったんインクが水に混ざり合った後に、水とインクを分離しようと思えば、例えば沸騰させたりして、外から故意に仕事を与えない限り、自然にもとのようにインクと水に分かれることはない。覆水盆にかえらずである。自然に元の状態に戻りえない変化のことを「非可逆過程」という。

つまり、すべての事物は、「それを自然のままにほおっておくと、散らばる方向に変化して行き、決してその逆は起らない」という鉄則が「エントロピー逓増の法則」である。

現在地球規模で、これらの現実に対して「外から力を加えて」「経済政策」を採ることは不可能に近い。

二〇〇八年にノーベル経済学賞を受賞したポール・クルーグマンは、ジョークで

「世界的経済危機を乗り越えるためには宇宙人が必要だ」

といったという。この「ジョーク」は結構深刻なジョークだと思っている。つまり「経済学」が従来の経済学のように実践学として機能しないと言うことを自ら暴露しているような言葉である。即ち、地球上の市場は飽和状態となって成長できなくなってしまった。新しい地球外の惑星の宇宙人と交易することが出来れば、成長が見込めるというもの。もう一つは、宇宙人が地球を侵略してきたら、国家間のいがみ合いを棚上げして、地球軍を編成し敵に対して立ち向かう、そして軍需供給財が大幅に増え、景気が回復するというものだ。

つまり前述したように強力な「外からの力」が無ければ、つもりに積もった資本主義の澱は、取り除けないのだ。その外からの「力」は未だ見いだせていない。

グローバリゼーション（「グローバル」についての説明は、P64～65参照）はもはや全世界の「過剰・飽満・過多」であり「成長」ではない。このままでは「歴史的な危機」に向かう真っ直中ととらえざるを得ない。

ハーマン・デイリー（1938年～・成長にこだわる、新古典派経済学に対抗して、四十年前以上から、経済学に環境、地

域社会、生活の質、倫理性などを組み込み「定常状態の経済学」を再定義した）が主張しているように「定常経済」（Steady state economy）という概念をもとに以下順次、具体的に記載していくことにする。

要は「定常型」とはいわば物質的な富の総量が逓増しない事だ。その中で「質」的な変化が内包されている社会経済活動のことである。要は物質的な富の総量が一定になると言うことだから「豊かさ」の再定義の問題でもあり、「再分配」の問題である。

日本では、広井良典氏が提唱した言葉に「定常型社会」という言葉がある。（「定常型社会―新しい『豊かさ』の構想」岩波新書）その「定常型社会」とは、突き詰めると経済的成長を至上目的としない社会、ゼロ成長社会のことである。

広井氏の論に立てば、関連する重要な要因として次の二点があると述べる。

第一は、高齢化ないし少子化という動きと不可分のものとして、人口そのものが2007年をピークに減少に転じるということである。このこと自体、明治期以来わが国が百数十年ぶりに初めて経験する現象だ。

第二は、環境問題との関係である。資源や自然環境の有限性が自覚されるようになり、経済活動それ自体の持続性ということを考えても、経済規模の「定常性」が「要請」されるようになった。（経済規模が拡大再生産のサイクルではなくなったということ・春吉註）このように、定常型社会とは、実は「高齢化社会」と「環境親和型社会」というふたつを結びつけるコンセプトでもあるとしている。広井氏の新書は、平成十三年（2001年）、今から十八年前の著作だ。ここで述べられているテーマは、「まとわりつく嫌～な感じ」として、今では当たり前のように、大部分の日本人が感じている問題になっている。しかし、現在に至っても「定常型社会」に対する誤解も多い。

さて、ハーマン・デイリーの主張する「定常経済」には難しい問題が山積みである。

本来、マックス・ウェーバー（1864年～1920年　ドイツの政治・社会・経済学者）の指摘するとおり、資本主義はプロテスタント、特にカルヴァン主義が浸透した地域から誕生したのだが、それが変質し、拡大再生産を前提にした「資本主義」、資本＝お金を神とする「新興宗教」として、人間の新しい教義、モラルになって久しい。

富は「人間が幸福に生活するため」の手段であって、それが目的ではなかったはずだが、現世利益を強烈に後押しする資本主義が、それ自体が目的であるという強烈な「宗教」になった。

個人や社会に対して絶大な（時には致命的な）影響力を持ち、人による制御を受け付けない「市場」が、資本主義という神なのだ。今や資本主義は、キリスト教、イスラム教、仏教の従来宗教と呼ばれていたそれらに匹敵する強力な吸引力を持った宗教である。それも独善的な「新興宗教」なのだ。

その信者は、アクセルを踏みつづけ「富の拡大、資本の拡大」という「神」のために奔走する。

その信者にとっては「定常経済」などという発想は根本において相容れない。

戦後七十五年、敗戦国となった日本は、政治的問題はアメリカに隷属しながら、何とか経済的利益を得てきた。一時期、バブルに踊らされて調子に乗り、手痛いしっぺ返しもあったが、この新興宗教の権威は揺らがなかった。

企業や官庁などを含む経済システムも、学校や家族を含む社会のあらゆる制度も、「すべての問題は経済成長が解決してくれる」と考えていた。とにかくパイを増やすことのみに政策を集中させれば良かった。

広井氏の論に立てば、戦後の日本には「政治」は事実上不要だった。「政治」が前面に出る唯一の舞台は安保や外交をめぐる論点に関してであり、内政つまり日本社会そのもののありように関するものではなかった。「富の成長」に関わるのが「経済」であり、「富の分配」に関わるのが「政治」だとすれば、端的に言えば戦後の日本には「政治」は事実上不要だった。

定常型社会になって初めて本当の「政治」が問われる。

これまでゼロ成長社会に対する論議は、思弁的な範囲にとどまるだけで、現実の政策や制度とリンクするようなことはなかったし、そうする必然性もなかった。これからが本当の「政治」が求められる正念場ということだが、果たしてそれが、経済学で解決できるのだろうか。

私は極めて懐疑的だ。

私に限って言えば、経済学の限界を見切った上で、「変えるべきもの」と「変えてはいけないもの」をきちっと認識する、生死観・

宗教観などをその根本から見直していきたい。そうでないと、アカデミズムの狭義な議論にとどまるだけで、個として、地に足の着いた生き方が出来ない。

あわせて「定常型社会」の中でどうやったら心豊かに生きられるか、私なりにこの二年実践している事を記述する。机上の空論を振りかざすだけなら、学者先生で十分で、私の役割はそこには無い。

(二十四)考え方を変えなければ

経済活動を考える上で、人材、金融サービス、社会インフラという三つの生産基盤の要素があるか、それらについて、ここ十数年来「グローバル（globel）化」という言葉が「冠《かんむり》」に付くことが多い。しかし、その言葉の使い方が、大分ずれているように思う。

本来は「globe」という名詞で、語源はラテン語の「球」という意味の言葉なのはご存じの通りである。球を地球に見立て、「The glove」「The earth」と表現する。英語のグローバルは形容詞なので、本来は形容詞に「化」を付けては、屋上屋を架すことになる。「グローブ化」が正しい日本語である。

とはいえ、グローバルビジネス、グローバルスタンダード、などかなり多くの熟語は、既に日本では「グローバル化」という名詞として使われている。これは「世界規模化」という意味で、いつの間にかグローバル＝世界で戦う（向き合う）という意味になったようだが、実はそれも正しい認識では無い。

「地球」＝「globe」と考えれば直ぐに判る。

「地球は有限であり、人間の営む経済は地球のサブシステムであり、サブシステムはその全体システム（人間の経済にとっては地球）より大きくなることは出来ない。サブシステムが全体システムに比べて小さいうちは、サブシステムは成長できるが、サブシステムが成長して全体のシステムの大きさに近づいていくとき、その限界にぶつかる前に、それ以上大きくならない『定

常状態』にシフトする必要がある」（ハーマン・デイリー・「定常経済」は可能だ・岩波書店）

さらにハーマン・デイリーは

「（だが）これまで『空いている世界』では、プラスがマイナスを上回っていましたから、経済成長によって私達は豊かになりました。しかし先進国では今は、経済成長のもたらすプラスよりマイナスが大きくなっている。プラスとマイナスが交差・逆転する時点で、経済成長を止めなければ、経済が成長すればするほど、私達は貧しくなっていきます」

「成長（私は膨張と言い換えてもいいと思う・春吉註）している経済は、他国の生態系や、残っている地球全体のコモンズ（共有財産）にまで侵出して行かざるをえないでしょう。それこそが『グローバリゼーション』なのです。『グローバル化は平和で協力的なプロセスだ』と言うイメージで描かれますが、経済成長が支配する世界では、今後もずっと平和的で協力的であり続けることはないでしょう。

有限の世界で、どの国も経済成長を最大化しようとしている――その中で、どうやって平和にやっていけるというのでしょうか？戦争の誘因となることは、計上されていない経済成長の大きなコストの一つです。それを減らそうというのは、『定常経済』を支持する重要な根拠となります。戦争への誘因は現在、四十年前に比べて大きくなっています。もしかしたら、『定常経済』が平和運動の一環として見られるようになる日が来るかもしれませんね」（前述）

ハーマン・デイリーの論旨はもっともなのだが、新古典派経済学者達は、なぜ頑なに「経済成長」を主張するのだろうか。成長どころか、歪《いびつ》に膨張し、「不経済に陥っている」端緒はあらゆるところに顕在化しているのにどうしてなのだろう。

アメリカ、中国の覇権主義は、経済・情報戦争を益々過激化させている。少しでも有利な位置に立ち、少しでも相手を引き離し、出来ることなら完膚なきまでに叩きのめさないと、国家としての「負け」なのだ。グローバル企業も同様である。売上と量的シェアーを常に最大にすることに血道を上げる。

結局行き着くところまで行かないと、その戦いは終わらない。結果的に自分の首を絞めるだけでなく、地球全体の人類の先行きを危うくすることは「判っちゃいるけど止められない」のだ。

現代の新古典派経済学者の九十九％は「永久に成長を」と主張する。そして経済成長がなければどうやって、豊かな暮らしを維持できるのかと主張する。

多くの政治家達は、新古典派経済学者の言を免罪符にして「豊かな暮らしのためには成長を」と叫び続ける。

しかし、企業経営の事を考えてみれば、生産を拡大する限界便益（効用）よりも限界費用が大きくなる時点で拡大することをやめるはずだ。左の図の「限界費用」は財やサービスを新たに一単位生産するために必要な費用のことで、限界費用が上昇するのは、最も利用しやすい資源から利用するためである。また「限界便益（効用）」は、最も切迫したニーズを満たすときに便益は最も大きくなる。両者の交点、つまり均衡していれば問題はないが、費用が便益を上回ると「経済成長をすれば、我々は常にゆたかになる」という考えは、思い込みとすぐにわかる。

しかし、いつまで経っても、GDP (gross domestic product) という数値の呪縛に捕らわれているから、次の発想が出てこなくなってしまう。

ここで、経済成長の指針として、皆が知っているはずのGDPをもう一度確認しておく。

国内で新しく生産された商品やサービスの付加価値の総計で、一国の国内の経済活動の規模や動向を総合的に示す指標として用いられ、GDPの伸び率がいわゆる経済成長率といわれる。名目GDP、実質GDPがあり、実質GDPは、名目GDPから物価変動の影響を除いたものである。名目GDPを実質国内総生産で割ったものをGDPデフレーターと呼び、GDPデフレーターの変動が物価変動となる。GDPデフレーターの変化率がプラスであればインフレーション、マイナスであればデフレーションの状態とされる。

つい最近までGDPは二十世紀で最も偉大な発明だと祝福された。しかし工業化社会の時代に考案された統計のため、サービスが主体になっている現在の経済の実態を把握するのは、非常に難しくなってきている。

また、経済活動のグローバル化によって、国家間にまたがる実際の価値がどこで生み出されているか把握できなくなった。

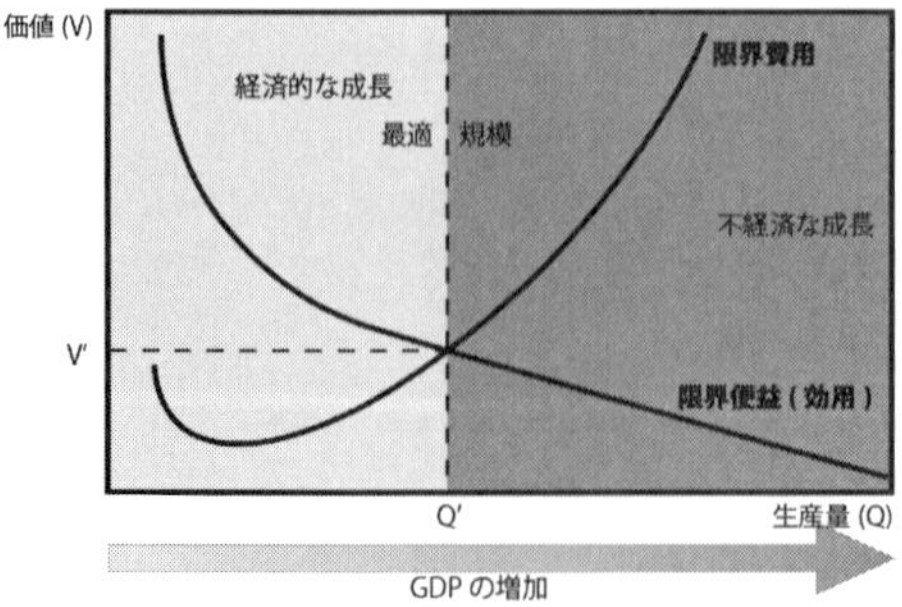

最適規模

アイルランドが平成二十八年（2016年）の夏、前年の同国GDPの伸び率を七・八％から異例の二十六・三％へと上方修正した。しかし、同国の安い法人税にひかれて大企業が事業の一部をアイルランドに移転させたのを反映した数値であった。

GDPはIT時代についていけなくなってしまった。この数字の中には自動車に装着されるようになった新しいシステムや、例えば維持費を大幅に低下させる燃費性能の向上は考慮されない。この他にも、WikipediaやSNSといった無料のサービスを評価できない。しかしこうしたサービスは間違いなく付加価値を生み出しているのだが……。

さらにGDPは福祉面を測る指標にはなり得ない。兄、第三十五代アメリカ合衆国大統領、ジョン・F・ケネディと同じく、凶弾に斃れた弟のロバート・ケネディは半世紀前、GDPが「人生を意味あるものにしてくれるもの」をまったく測ることはできないことはまことに残念だと述べた。かつて高度成長期の日本の公害や、現在GDPの数値を上げることに躍起になっている中国が、大気と水質の汚染を招き、中国人の健康と生活の質を著しく低下させていることを見れば明らかだ。環境破壊の費用が増しても、福利や幸福といった便益が増すことはない。

日本の景気指標にもGDPが使われているが、平成二十六年（2014年）の日本の経済成長率の公式統計によると、その年のGDPは〇・九％減だった。しかし、日銀はその二年後、二〇一六年になって、別のデータを基に集計すると二・四％増だったとするリポートを公表した。（東洋経済オンライン 2016年10月22日）

そんなに簡単に統計数値が、データの選択によって変化するのなら、一ポイント以下の、〇・一～〇・三％前後の増減で、景気が良くなった悪くなったと、声高に表明する政府声明の「短観」など、手前味噌の数値加工によってどうにでもなってしまう。数値を操って取り繕うのは「詐欺の手口」だという認識を、統計数値の担当者は持って貰いたい。

我々は、そんな恣意性の高い数値を当てにする必要はない。自分が感ずる幸福度を信じることを第一にすべきなのだ。量的拡大と質的向上を正しく評価されていないGDPそのものを、もっと今に即した指標としていかなければならないのは勿論だが、自分自身の皮膚感覚を鋭敏にしておかないと、数値に流されてしまう。

内閣府が委嘱する景気動向指数研究会は、平成三十年（2018年）十二月十三日に、平成二十四年（2012年）十二月から始まる現在の景気回復が平成二十九年（2017年）九月時点で、高度成長期に五十ヶ月続いた「いざなぎ景気」を超え戦後二番目の長さとなったと表明した。平成三十一年(2019年)一月まで景気回復が続けば、戦後最長の七十四ヶ月となるという。

これを記載している時点で、特段の経済変動はないから、戦後最長が続いているということになろうか。

しかし、私自身もその周囲を見廻してもそういう方は少ない。ただし、天下りを何度もし、その度に高額な退職金や年金を貰っている高齢・高級官僚者達の今は、経済的な面から見ると実に生活しやすい時代だろうと思う。

もうお判りだろう、庶民の生活感覚と、「戦後最長の景気回復」(「景気回復」という日本語の使い方そのものが、正しい日本語とは思えない)というズレこそが深刻な問題なのだ。数値に生活者の実感が感じられない。

(二十五)日常の意志決定

テレビショッピングで、

「この商品は大変安いですね。買わないと損をしますよ。先着百名、今だけの限定特売です」

とタレントや専売員が売り込む。

だがよく考えてみて欲しい。例えば、「数量限定!先着百セット」のように、今買わなければ、お買い得の機会を失ってしまうと感じて、実際には何も失っていないのだが、「買わないと損をする」という感情が刺激され、つい買ってしまう。

このような衝動はプロスペクト理論(Prospect theory)といい、リスクを伴う意志決定が期待値にそのまま従って行われるのではなく、その人が置かれた状況によって左右されることを定式化しようとする理論のことをいう。言葉にすると非常に面倒だが、要するに人が損失を回避しようとする傾向に付け込む手法である。

衝動に乗せられて必要もないのに「型落ち商品」を買ってしまう。このような衝動買いもプロスペクト理論の一つであろう。

重ねていう、我々は「拡大再生産の呪縛」に陥っているのだ。

その呪縛から逃れる方法はただ一つ。必要のないものは買わないことだ。もっと極端に言うと、購買意欲をあれこれと煽って拡大再生産のサイクルを廻そうとしている欲望の資本主義の簡単なトリックに惑わされないことだ。私の言葉で言うと、「市場という『神』を奉る、新興宗教の甘言に乗せられるな」ということだ。しかし、これはなかなかに難しい。しっかりとした自分自身の「行動哲理」を持っていないと、巧妙なマーケティング手法に乗せられてしまう。

また前述とは一見対極にある様なプロスペクト理論の代表的な例として、投資（ＦＸや株）がある。

私個人は全くやらないが、年金受給の原資である日本の年金運用も、この投資で資金の拡大を狙っているのだから、好むと好まざるとに関わらず、我々は「博奕的な勝負」に常に晒《さら》されていることになる。

そもそも、博奕は何処で止めるかと言う究極の決断が迫られる。

投資ではマーケットから逃げた方が良い状況が来たとしても、その場に残る選択を取る人が圧倒的に多い。それは現状を変える意志決定をするよりも、現状のままでもきっと事態は好転するだろうという自己保身の為の勝手な希望と、逡巡である。

状況が悪くなった時に例え損を出してでも撤退することを「損切り」という。

早く損切りをしないと損失がどんどん膨れ上がっていき、結果的に大きなダメージを負ってしまう。

「適切なタイミングで損切りができない」投資家は絶対に投資の世界で生き残っていくことはできない。その優柔にどう打ち勝つかが、生き残りにとって重要なのだ。

それは希望に繋げる撤退で、撤退のための負の撤退ではない。次の勝利をするための、次の手を打つための、総崩れしないための「意志的撤退」である。

現実に目をやると、例えば、現在の自民党・公明党政権では、この損切りは絶対に出来ない。もっとも政党が代わっても現在の政治家達の政治理念の範囲では､それは不可能だろう。強烈な外圧が加わらなければ自ら激変するような動きはしないし、出来ないからだ。

戦後の昭和、平成と日本が辿ってきた歴史を見てもそれは明らかであり、官僚の質も著しく劣化した。

私見だが、日本の行政システムの歴史の中で、最も優れた官僚を登用したのは、幕末期だと思っている。しかし、老中はじめ幕閣の日和見と、責任回避、状況判断の甘さから、優秀な官僚を使いこなせなかった。

岩瀬忠震《ただなり》、水野忠徳《ただのり》、小栗忠順《おぐりただまさ》、川路聖謨《かわじとしあきら》、井上清直《きよなお》などは、日本史上最高の官僚達であった。しかし「老中」達は、彼らの意見を採用し、時に損切りが出来なかった。（これら五人は、「初音の裏殿」という私の中編時代小説シリーズの中で、主人公と絡むことになります。ご期待ください）

彼ら五人の幕末を代表する官僚は、自己を滅して、幕府いや、国家を代表して列強と交渉した。

現在、日本の高級官僚を見廻しても、残念ながら彼らを上回る人財は見当たらない。

二十世紀初頭のドイツの経済学者・社会学者のマックス・ウェーバーは

「自己を滅しておのれの課題に専心する人こそ、その仕事の価値の増大とともにその名を高める結果を得る」（「職業としての学問」尾高邦雄訳・岩波文庫）と言っているが、官僚に限らず、今の日本にその志を持つ人間がどれ程いるであろうか。

私は、株式投資家でもなく、政治家でもないが、その生きている世界は、好むと好まざるに関わらず、プロスペクト（prospect・予想、見通し、見込み、期待）という、未来を予測して生きている。その予測は、長期・短期の予測を具体的に考えて立てるのだが、解決の糸口は、自分自身が直接に感ずるいわば皮膚感覚のような鋭い触覚を研ぎ澄ましていないと、徒に数値のまやかしに振り回され、あるいは鈍感になり、何のことはない不平不満の人生に堕ちてしまう。

例えば、その「解」を経済学に求めても、なかなか我々が期待するようなことは見いだせない。世界が相対的に空いていた時代に、マスコミは経済学者に大道易者にするような質問を浴びせた。

「景気は良くなるでしょうか。暮らしは良くなるでしょうか」

という質問に、経済学者達は

「ああ、きっとよくなる。間違いない」

と、さも科学的な根拠があるように、その言葉を成長率という「魔法」の数値で補強した。物価が何％上がろうが、所得がそれを上回って上昇すれば、その数値が五％でも十％でも、誰も文句は言わなかった。当時は学者自身も含めて、経済予測（実は単純な統計手法）をする行為は当然と思われていた。

平成三十年（2018年）八月発刊の「良き社会のための経済学」で、その著者ジャン・ティノールは、経済学に出来ることと出来ないことをその本に記載した。

「まずは、経済学にできることから始めよう。①不平等のデータを収集すること、②その原因を理解すること、③望ましい再配分を行うための効果的な政策（すなわち税金を無駄遣いしないような政策）を提言することである」

と三つを挙げ、一方で経済学に出来ないものとして

「不平等や再分配政策の現状を理解したら、次には社会としてどうするか、決めなければならない。これについては、経済学者は一市民として語れる以上のことは語れない」

と述べた。再分配論も、その所得が偶然や生まれついての階層や地位の結果なのか、それとも努力や投資の結果なのかによって変わるかもしれないし、後者の場合でも、つまり努力の結果として高所得を手にしている人には、意識を失わせない様な税率を維持することが望ましい。しかし、経済的成功をもたらした原因について、努力だの、競争環境だのごく漠然としたものしか挙げられないことだと、ジャン・ティロールが本音を語った。

さらに、問題を一段と厄介にさせるのは、不平等の範囲の定義が難しいことだと断って、経済学にできない理由をいろいろと挙げているが、要は、その実行はなかなか難しく、その実践は、経済学者の領域ではないと宣言をしているのだ。

そしてジャン・ティロールは

「デジタル経済は、ほぼすべての職業に大きな影響、ときに暴力的な影響をおよぼすだろう。それに対して私達はまったく準備ができていない」

ノーベル経済学受賞者の新鋭の経済学者に、ここまで開き直られてしまえば、何も言えない。

「経済学は共通善に尽くし、世界をより良くすることをめざす。この目的を達成するために、全体の利益を高めるような精度や政策を示すことが経済学の仕事となる。経済学は社会全体の幸福をめざす中で、個人の幸福と全体の幸福の両方に配慮し、個人の幸福が全体の幸福と両立する状況、両立しない状況を分析する」

ジャン・ティロールは経済学者の役割をこのように総括するが、実際には「全体の幸福と両立する望ましい再配分」など絵空事だと誰もが思っている。現実的には「個」と「全体」の両者を納得させる調和の取れた「損切り」経済理論が求められると思うが、現在そのような理論は存在しない。従来考えられていたような経済学は、今後益々限定的な「学」となる。

一九六〇年代前半の高度成長期、池田勇人内閣の国民所得倍増計画立案に中心的役割を果たし、日本の高度経済成長のメカニズムを体系づけた経済学者に下村治《しもむらおさむ》氏がいる。読者の中には彼の名を聞いた方も多いと思う。高度成長を推進した経済理論を展開した下村氏は、第一次石油ショック（オイル＝ショックともいう。一九七三年秋、第四次中東戦争の勃発に伴うアラブ産油国の石油戦略により、石油価格が高騰し、世界経済に大きな衝撃を与えた）以降はゼロ成長を提言した。下村氏の学者としての矜持であろう。

「空いている世界」（経済成長の伸びしろのある市場）、から「いっぱいの世界」（「定常経済」の社会）へのシフトを、下村氏はいち早く把握していたに違いない。

現在の経済学は、ゲーム理論をはじめとして、科学的手法は色々とあるが、前述したように、我々の住む世界が直面している複雑な現象に、問題提起はできるが、その解決には答えず（られず）にすませている。

世界中を不況に陥れた平成二十年（２００８年）九月のリーマン・ショックに対して、経済学はまったく無力であった。アメリカの住宅バブル崩壊は金融商品を通じて世界に損失をまき散らした。巨利をむさぼったウォール街は政府に救われ、不公正への怒りは社会に深く刻まれた。

東日本大震災や熊本大地震などの結果に対し、地震学者は、いかに無力だったかと「自己否定」して再構築を試みるような動きがあった。

しかし、経済学者は、リーマン・ショックをふまえて、歴史的・世界規模の事件だと認識をすることをしなかった。新たな「経済学」ひいては金融学の信用回復は、そこを認識することが始まりだと思う。このままでは、今、流行りの言葉で言うと

「ボーっと生きてんじゃねーよ！」（ＮＨＫ「チコちゃんに叱られる！」の決め台詞）と経済学者はいわれてしまう。表層の数値のみの、経済成長という呪縛から離れ、学問を再構築して欲しい。

今、ニューヨーク州立大教授ステファニー・ケルトンが主張する「現代金融理論」ＭＭＴ（Modern Momentary Theory）というとんでもない理論が流行している。

財政赤字なんかいくら膨らんでも問題なく、中央銀行に紙幣を刷らせれば財源はいくらでもある。その手本は日本で、アベノミクスや異次元金融緩和がその理論の「本家」だと名指ししている。

こういう時流に便乗した、納得できない経済理論が流行ると思い出すのは、「永久機関」のことだ。外部からエネルギーを受け取ることなく、無限に仕事を行い続ける装置である。

これが実現すれば石炭も石油も不要で、エネルギー問題など発生しない。十八世紀の科学者、技術者はこれを実現すべく精力的に研究を行った。しかし実現不可能だということが明らかになり、さらに十九世紀には熱を使った方法でも不可能であることが明らかになった。しかしこの結果、熱力学と呼ばれる物理学の一分野が大いに発展した。（前述したエントロピーの法則なども含まれる）

詐欺のような理論が、あたかも未来永劫にバラ色の世界を、浪費し続けても実現可能というのなら、やりたい放題、すべて先送りの無秩序な「地球」になってしまう。人類の未来は甚だ暗い。

私自身は、金融工学（高度な数学的手法やコンピューターを用い、デリバティブなど金融商品の開発やリスク管理を行う技術）に選考基準が偏った「ノーベル経済学賞」など、まったく無意味だと思っている。

日常の生活している現場にある雰囲気や、具体的事象を知らなければ、今、社会がどうなって、どう動いているか決して判らない。前述した「うまく行ってない経済成長」から、何れは「定常経済」にシフトしなければならないとしても、そうなることによって見えない近未来への不安が、我々を自暴自棄にし、刹那的にし、それを利食いする金の亡者《もうじゃ》達にいいようにされてしまう。

そうならないためには、他人任せにしないで、できる範囲で具体的に生きることを実践することだ。人生八十年、九十年という時代。人任せに生きていく人生はいかに辛いか、よほどの馬鹿でなければ想像がつく。

二年前から、予算を決めて週四日、自分で買い出しをし、栄養のバランスを考え食事を作っている。朝昼兼用の食事、事務所の掃除、小物や消耗品の調達などは大分前から独りでやっている。果たしてどれだけの事ができるかという実践である。

つい最近

「ノムさん、サッチー亡くし外食の日々『男の弱さを痛感』」

という記事を目にした。

プロ野球の数々の球団で監督を務めた八十三歳の野村克也氏は、一昨年の十二月に妻沙知代さん（享年八十五歳）を亡くされたが、「先に逝かれると思わなかった」「男の弱さを痛感している」とぼやいておいでだ。それは亡き妻への愛情からのぼやきだろう。

今まで家事に見向きもしないで老年期を迎えた男が独りになった時、どう生きていけばいいかを、具体的に真剣に考える時代になったと思う。一番の問題は食事だ。妻に先立たれるといままで座れば食事が出て来るものと思っていた夫が、まず困るのは食事の支度だ。毎日「外食の日々」では栄養のバランスもままならず、ノムさんのようなお金持ちはいいだろうが、年金生活者ではそうはいかない。かといって宅配弁当では味気ない。

男子たるもの、すすんで厨房に入るべしといいたい。

仕事柄、三百六十五日、ほぼ休みなしで作業をしているので、食事作りは五分で出来るメニューと、下拵えからやや時間をかけて作ることを想定したものなど、レパートリーは、状況に合わせてしっかり増やした。スーパーへは、一週間に二回から三回、買い出しに行く。あらかじめ計画したものをメモ書きにしておいて、後は売り場で、メニューは柔軟に入れ換える。

食事後、後片付けもし、妻に負担をかけるようなことはしていない。

例えば、価格と品質を比較して、色々なスーパーマーケットやデパートの食品売り場を知ると、店の特質が判ってくる。野菜に強い店、肉に強い店、魚に強い店、同じメーカーのヨーグルトや納豆の賞味期限の新旧を見て、この店の経営状態を想像できる。大手コンビニ、三社のチェーン店の新商品に関しても、実際に食べてみなければ判らない。

実学として、経済学やマーケティングを学んでいる研究者は、市場に敏感でなければならない。スーパーの価格一つ敏感に感じとれなければ、これからの時代を生きる実践的な物差しが見えてこない。売り場にある商品を手に取って流通の実体を把握することだ。経済は、机上の理論を理論のままに飾っても、何も進まない。

(二十六)身の丈の暮らし、29円モヤシ

さて、話が具体的に生活の話題に及んだついでに、一つの食材を例にとって話を進めよう。

「今貴方は、モヤシ一袋、スーパーなどでいくらで売られているか判りますか?」

という問いに、果たして何人の人が即答できるだろうか。

毎日食卓の献立に係わっている一部の主婦を除いて殆どの方が答えられないと思う。

数円の違いは売られている場所によって違うが、国内生産の九割を占める緑豆モヤシならば二十五円から二十九円の間である。昨年末は、二十円に満たない十八円とか、十九円もあったから、令和に入って(2019年5月)、諸物価は確実にあがっている。

それにしてもモヤシは「偉い」。

「モヤシと、納豆と卵は年金生活者の必須アイテムだ」

と思うのだ。

前章に記述した池田勇人氏が蔵相時代の昭和二十五年(1950年)十二月七日、米価が高騰していた折、参議院予算委員会で
「所得の少ない方は麦、所得の多い方はコメを食うというような経済原則に沿ったほうへ持っていきたい」

と答弁した。これが「貧乏人は麦を食え」と伝えられ、国民の反発を買った。

今は、麦の方が米より高い。健康に良いと称して、敢えて五穀米や玄米を食べる時代だ。さしずめ現在は、「年金生活者はモヤシを食え」という事にもなろうか。しかし、馬鹿の一つ覚えで、モヤシ炒めや、味噌ラーメンのトッピングとしてしか、モヤシの活用法を発想できないお方は、創造力が著しく劣化している。和洋中、鍋、炒め、蒸しと、多岐に加工法がある。

人生九十年として、その生を全うするには、自身の足許を冷静に具体的に見つめ続けなければならない。日々の暮らしは、具体的なことの連続だ。人は、よりよい豊かな生活を送るために、様々な体験からその知恵を身につけていく。先人の知識を書物などから学び、家族や社会の中に身を置くことで、ルールや慣習などを学ぶ。人は、それらすべての経験を抽象化し、概念化する。それは自己哲理と置き換えてもいい。いわば生きていくための行動アイデンティティである。

その自己哲理の器が大きく、柔らかく弾力的であれば、それだけ様々な環境に対応できる。自在の行動が可能になる。しかし、その自在性は常に、錆びやすく、澱みやすい。劣化を防ぐためには、自分自身を現実社会と、直に向き合っていなければならない。

多くの人間は、思いがけない金銭を手にしたり、会社経営が拡大して、その規模が具体的に把握できなくなると、おごりや、凋落が始まる。

社長室から指示をするだけで、現実の社会から遊離し、現場を忘れてしまう。購買者が何を求めているか判らなくなってしまう。

コンピュータの画面上だけで金融取引をし、ＩＴの寵児になってしまった成金や、責任をすり抜けて、何度も天下りを繰り返し、信じられないほどの退職金を手にした高級官僚達が、現実社会を歪めているという側面も把握しておくことが必要だ。

確かに経済的側面だけを取り上げて「勝ち組」と言われる、濡れ手で粟を掴むような、一握りの人物がいることは確かである。だが、人間社会は実に面白くできている。他人に「下作業」を押しつけ、自分自身が細々とした具体的な活動ができなくなってしまうと、生活者としての感性が鈍感になり、目線の先を見つめる対象も疎かになってしまう。彼らの心象にまでは踏み込めないが、フレキシブルな自己哲理を持てない人生は果たして豊かと言えるかどうか……。私は甚だ懐疑的だ。

そんな資本主義のバブルが生み出した「鬼っ子」に係わることよりも、視線はもう少し遠くに見据えて、あたり前のことをもう一度しっかり確認することが大事なのだ。

そして、それをいやいややるのではなく、本当に楽しんでやることが、平凡で且つ最も活き活きと生きる、実践学なのである。自分で出来るうちは、他人任せでなく自分でやることだ。

いずれ人間は残念ながら、老いや病気によって、自分で自分のことが出来なくなるときが否応なくやってくる。他人に頼らなければならないときが必ずやってくる。だが、それまでは自分でやろうとする意志を持つことが大切だと思う。

しかし、よくマスコミで取り上げられる売名行為に近い「下作業」をわざとらしくやるような人物には吐き気を催す。それが一切の対価を求めない行為であれば、私の目にはそうは映らないはずなのだが……。

また中途半端な自己分析しか出来ない、高齢者の自信過剰はこれから益々増加するだろう。何しろ、高齢者の多くは、フレキシブルな自己哲理を持っていないからだ。その結果、他人に大きな迷惑をかけてしまう。

シナプスの反応は歳と共に確実に衰える。

私自身の経験からもそう言える。

弓道を始めてからかれこれ二十六年、居合道を始めてから二十一年が経った。様々な試行錯誤をしながら、業《わざ》は確実に錬られているが、体力、筋力は衰えていると実感する。日常の稽古から自分自身の「今」を客観的に知ることも、生涯武道の大切な目的の一つで、私の自己哲理を日々作り上げる大切な要素である。

平成三十一年(2019年)四月二十三日、東池袋で、八十七歳の元高級官僚が、時速百キロを超すスピードで悲惨な交通死傷事故を起こした。彼のその後の身勝手な行動や事故に対するマスコミの報道対応など、『上級国民』だから逮捕されないのか」とか、高齢者の運転免許の返上論など、様々な問題を提起したが、事故に限って言えば、「私だけは大丈夫」という自分自身への過信と尊大さである。

車を運転していれば、誰もがひやりとした瞬間はあるだろう。事故を起こしたり、あるいは事故に巻き込まれた経験をした方もいるだろう。「車」は便利でもあるが凶器にもなる。神経が行きわたらなくなったら、自ら免許証は返上すべきだ。日常生活の細かな事を実践していると、常に自分と向き合うことが出来る。その微妙な変調を知り、それを認める勇気を持つのは大切な事だ。

しかし不幸にして異常事態を引き起こしてしまった瞬間、咄嗟に道徳的行動規範を欠如した行為をしたのは、年齢には関係がない。精神が錬られず、我欲の強い人間として歳を重ねてしまった結果である。

ちなみに今回の事故の加害者に「上級国民」というネット・スラングが飛び交ったのは、「2020年東京五輪大会エンブレム」の著作権侵害疑惑問題の際に、その弁明を行った元官僚の言動を皮肉った言葉である。一般の人の理解を超えた上から目線の言動を行う政治家、専門家や官僚などを揶揄する表現である。

ネットの普及で、社会全体と自分の立ち位置をより比較できるようになった。しかし個人が得られる情報の量は膨大になったが、情報を扱う基本的な能力である「噂」や「報道」への接し方、いわゆる「情報リテラシー」は未熟である。このようなスラングが生まれた背景は、生き方に対する価値観を、多くの日本人がきちっと持っていないため、物や金銭的な多寡、あるいは社会的地位などに対するやっかみと不公平感が増幅しているためである。「上級国民」と言われる、薄っぺらな人物も確かに多く存在し、格差が益々拡大している。こういう社会的な危険な状況が今である。

しかし他人と比較して精神的な安らぎをどれだけ覚えることができるというのか。

他と比較しても、荒涼とした砂漠に水を撒《ま》くようなもので、空っぽな心を埋めることはできない。金銭欲、物欲を満たすだけでは「空っぽな心」に知恵の水は満たされない。

身の丈の暮らしの中で、生きている実感を感じ取る。私が提唱するのは、ただそれだけである。

例えば、どれだけ無駄を抑えられるか、何処まで楽しんで、節約することができるかが、これからの我々にとっては実に大切な生きる要件の一つになる。いわば「身の丈の暮らし」の提唱であり、「シンプルな生き方」そのものである。しかし、言うは易く行うは難しである。

だから断っておくが、そんなことは貧乏くさくてやってられるかと思われる方には、決してお薦めしない。私がいいたい本質は、そんなところにあるのではない。

日々の細部の移り変わりを体験することで、自分自身が生きていることを自覚することが真の目的だ。

言い古された言葉だが、これを表現するに「神は細部に宿る」という言葉がよく使われる。

「真実は細部に宿る」または「ディティールに神が宿る」などいわれることもある。

フランスの小説家、ギュスターヴ・フローベール（「ボヴァリー夫人」の作者）が言い始めたとあるが、この言葉を有名にしたのは、ドイツの建築家のミース・ファン・デル・ローエ（1886年～1969年）という人物で、近代建築三大巨匠のひとりに挙げられる。

英語では「Gods in the details」と訳された。要は細かいところまでこだわりぬいて作られた作品は優れ、細かいからと、見えないところと思って手を抜くと、結局全体が見えてこないという事でもある。

また、同じミースの言葉として「少ないことは豊かである」(Less is more) という言葉もある。シンプルな建築をモットーとした彼らしい考え方である。

この二つの言葉を併せて見ると「身の丈の暮らし」が見えてくる。

細部にまで詳細な神経を巡らし、回りくどい虚飾を一切捨てたシンプルな生活から、生きている全体構造が見えてくる。ひとつずつの案件に丁寧に向き合うと、陳腐なインチキな思考は自ずと排除され、大切なものにフォーカスすることができ、より豊かな生き方につながる。

それにしても危惧することがある。「工業組合もやし生産者協会」によると、現在のもやしの販売価格は四十二年前（1977年平均価格「総務省家計調査」より）の価格よりも安く、一方、原料種子や人件費などの生産コストは高騰し続けている。原料種子高騰と収穫期に降雨があったために品質が悪化し、高品質な原料種子の収穫量が激減したという。原料種子の品質はもやし生産に大きな影響を与え、育成不良による歩留の悪化がより一層経営を圧迫している。

平成二十一年(2009年)には全国で二百三十社以上あった生産者は百社以上廃業し、現時点では百三十社を切って、この状況が続けば、廃業やむなしと判断する生産者も多いという。このままでは日本の食卓から「モヤシ」が消えてしまう。

日本の「食」を考えるとき、庶民の食材を下支えしているモヤシ業界に、安心して操業できるような政策をとることこそが、地に着いた「政治」というものではないのか。

（二十七）日本人の考え方

時々思うことがある。「原爆死没者慰霊碑」（正式には「広島平和都市記念碑」という）の碑文に「安らかに眠って下さい　過ちは繰り返しませぬから」（この文章は、御自身も被爆者である当時広島大学教授だった雑賀忠義氏が撰文・揮毫した）という言葉が刻まれている。

昭和二十七年（1952年）年八月六日建立された、碑文については主語をめぐるさまざまな議論が現在もあり、これについては後述するとして、私が「？」と思うのは、「記念碑」という正式名称である。

広島市は碑文の趣旨を正確に伝えるため、八つの言語で説明板を設置し、そこには「碑文はすべての人びとが原爆犠牲者の冥福を祈り戦争という過ちを再び繰り返さないことを誓う言葉である。過去の悲しみに耐え憎しみを乗り越えて全人類の共存と繁栄を願い真の世界平和の実現を祈念するヒロシマの心がここに刻まれている」と記されている。

この碑文の解説はその通りだと思う。様々な国家間の思惑に配慮し、ひいては国体維持、戦争責任など様々なイデオロギー的論争を避けるためにそのような追記をあえてしたのだろうが、ならば何故「記念碑」であって「祈念碑」ではないのだろうか。

人々がここに佇み、無心に祈るのは、この原爆投下の愚かさと悲惨さ、その犠牲になった多くの御霊、一瞬にして失われた生命の輝きに対して、ただただ虚心に祈るための「祈念碑」ではないのか。日本人の感情思考として、原爆の犠牲者の御霊に対して、やすらかなれと「祈る」ことが無意識に始めにあり、理不尽にも原爆の犠牲者になった方々の無念を無駄にしないために平和であり続けることを祈るのである。「記念碑」となると、過去の思い出として歴史の事件として残しておくというに留まり、意味合いが全く違ってくる。

長崎の昭和三十年（1955年）八月八日建立の「平和祈念像建立のことば」にはこうある。

「昭和二十年八月九日午前十一時二分、一発の原子爆弾が、この地上空でさく裂し、方五粁一帯を廃墟と化し、死者七万三千余、傷者また七万六千余におよんだ。哀愁悲憤の思いは、今もなお胸を裂くものがある。

私ども生き残った市民は、被爆諸霊の冥福を祈り、かつ、この惨禍が再び地上にくり返されることを防ぐために、自ら起って、世界恒久の平和の使徒となることを決意し、その象徴として、この丘に、平和祈念像の建立を発願した。（中略）」

彫刻家、北村西望によるこの像は、神の愛と仏の慈悲を讃えた表情に、天に向けて垂直に高く掲げた右手は原爆の脅威を、水平に伸ばした左手は平和を、横にした右足は原爆投下直後の長崎市の静けさを、立てた左足は救われた命を表し、軽く閉じた目は戦争犠牲者の冥福を祈っているといわれる。

あくまでも「平和祈念像」なのである。像の有無に拘わらず人間の感性のステップから考えれば「祈念」が妥当で、「記念」はあり得ない。

さて、「安らかに眠って下さい　過ちは繰り返しませぬから」という言葉についてひと言言及しておきたい。

論争の要旨をかいつまんでいうと、この碑文では誰のどういう過ちかを何も語っていない、これでは被爆の教訓を伝えることにならないし、犠牲者を弔うことにもならないとして、碑文を書き改めるべきという主張と、誰のせいかを詮索することよりも人類全体への警告・戒めとして碑文はそのままでよいという主張の対立である。

この問題が社会的に広がったのは、極東国際軍事裁判（いわゆる東京裁判）の判事の一人、インド人法学者のラダ・ビノード・パールによってであった。パールは、平和に対する罪と人道に対する罪とが事後法にあたるとして、東京裁判の被告全員無罪を主張した、唯一の判事である。

そのパールが、広島を訪れ、

「広島、長崎に原爆が投ぜられたとき、どのような言い訳がされたか、何のために投ぜられなければならなかったか」と原爆投下と、投下を正当化するアメリカの主張を強く批判した。そして慰霊碑を訪れた際、献花と黙祷の後に、通訳を介して碑文の内容を聞くと

「原爆を落としたのは日本人ではない。落としたアメリカ人の手は、まだ清められていない」

と、日本人が日本人に謝罪しているのはおかしいと非難した。

これを聞いた雑賀氏は、

「広島市民であると共に世界市民である我々が、過ちを繰返さないと誓う。これは全人類の過去、現在、未来に通ずる広島市民の感情であり良心の叫びである。『原爆投下は広島市民の過ちではない』とは世界市民に通じない言葉だ。そんなせせこましい立場に立つ時は過ちを繰返さぬことは不可能になり、霊前でものをいう資格はない」

とパールに抗議文を送った。

主語は原爆死没者か日本人かアメリカ人もしくは世界人類か、「誰」が過ちを繰り返さないといっているのか、正直、私は未だに判らない。後に作られた英訳は「Let all the souls here rest in peace ; For we shall not repeat the evil」で、主語は“We”(我々は)、これは「広島市民」であると同時に「全ての人々」(世界市民である人類全体)を意味すると、雑賀氏が講義などで述べている。

但し“the evil”という言葉は、「過ち」などという生易しい言葉ではない。「悪魔」、「悪そのもの」という語源の筈だ。

日本語と英訳のずれも釈然としない。結局、戦争責任をめぐる被害と加害の二重性、それは今日もなお未解決だということである。そんなに単純に解決などあるわけがない。

しかしその感性は、日本人特有のものであり、よく言われる「自虐史観」とも違うような気がする。

日本人の寄って立つ思想の背景が、どうやらこの辺りにあると思っている。

日本人のこの不思議な二重性を調べるために、まず各国の国歌をみてみよう。ロシア、中国、フランス、イギリス、アメリカとかの国の国歌は何と戦闘的で血生臭いと、愕然とするはずだ。

〈ロシア〉

「鍛えられし　わがつわもの　攻めくる敵　討ち破り　断乎と守る　尊き国わが祖国に栄あれ。栄光の民よ　自由の祖国　結ばれしその誉れ　旗のかげで　導けよ勝利の為　進めよや」

〈中国〉

「立て、奴隷となるな、血と肉もて、築かんよき国。立て！立て！立て！心あわせ、敵にあたらん、進め、敵にあたらん。進め、進め、進めよや」

〈フランス〉

「ゆけ祖国の国民　時こそ至れり正義のわれらに。旗はひるがえる　旗はひるがえる　聞かずや野に山に　敵の呼ぶを悪魔の如く　敵は血に飢えたり。立て国民　いざ矛《ほこ》とれ　進め進め仇なす敵を葬らん」

〈イギリス〉

「おお神よ　我らが神よ　敵をけ散らし降伏させ給え　悪らつな政策と奸計を破らせ給え　神こそ我らが望み　国民を守らせ給え」

〈アメリカ〉

「おお激戦の後に　暁の光に照らし出された星条旗が見えるか　夜どおし砲弾が飛びかった後に、われらの星条旗が翻っている。自由な祖国、勇敢な家庭　星条旗をふれ　星条旗をふれ　戦闘がやんで微風が吹く中に　濃い朝霧の中　見え隠れしているものは何か　これこそわれらが星条旗　神よ！　星条旗をふり続け給え　自由の祖国勇敢な家庭の上に」


徹底して戦闘的な国歌である。その国歌を愛する国民に対して、我ら日本国、日本人はどうむきあったら良いのだろうか。真っ向から戦ったら、何処までも攻撃してくる。かといって、安易な妥協をし、ちょっとでも隙を見せれば、これまたさらに嵩《かさ》にかかって攻め立ててくる。と、まあこれは国歌から見た国民性の単純な推測だが、我々日本人とは大分違う。

ただ、日本人と言ったとき、一万六千年前から日本に定住していた縄文人と、その後三千年前に大陸から渡ってきた弥生人、すなわち帰化人（これが大和朝廷の祖である）と混血した我々の先祖を総称して日本人と言う。「純粋民族」という、誤った「日本人」認識では、日本の歴史をなかなか捉えられない。

結論から言うと、縄文人の持つ特性と帰化人の特性が時々によって、我々日本人の歴史の中にまだら模様となって現れる。日本人のそれが、最近の科学技術の進展によって、ようやく人骨に残る核ＤＮＡの完全な解析が出来るようになり、縄文人の渡来ルートが分かってきたらしい。

結論から言えば、縄文人の遺伝子に最も近いのは、約八千年前のラオスの遺跡や約四千年前のマレーシアの遺跡で見つかった古代人の遺伝子だという。

約二十万年前頃にアフリカで誕生した現生人類（ホモサピエンス）は、その後いくつかのルートを辿って世界中に拡散していったというのが定説である。

その子孫がラオスやマレーシア辺りで築いていたのが「ホアビン文化」であるという。その古代人の一部が台湾などを経由して日本列島にたどり着いた。

実は、かつて縄文人の日本への渡来ルートのひとつとして、満州地方など極東アジアからの渡来説もあったが、事実は逆で、縄文人は満州地方などの極東アジアへは日本列島から渡来して行ったということも考えられるという。

最新テクノロジー、核ＤＮＡによる解析の威力は、日本人の歴史も変えてしまう。

さらに、現在の日本人の核ＤＮＡを解析すると、縄文人の遺伝子が約二割程度を占めているという。

ただ、これは平均であって、地域によって縄文人の遺伝子の残存率は、一割から七割と大きく変わっている。「縄文人度」が高いのは、沖縄・九州地区と東北・北海道地区だという。

現在の日本人は、一万六千年から営々と積み上げられてきた二割の縄文人の核ＤＮＡと、残り八割は弥生人をはじめとした帰化人などにより構成されている。

帰化人の荒ぶる特性が異常に反応すると、日本をドラスティックに、時として日本を破滅的にしてしまうような事がある。

核ＤＮＡの平均八割の我々日本人の中にある帰化人の血が騒ぎ、それが外圧と衝突すると、日本人自身の手で出来なかった

「洗濯」ができるのだが、そのほとんどが思った方向とは違った「洗濯」になってしまうのが過去の日本の歴史である。

「(前略)夫より江戸の同志はたもと(旗本)大名其余段々と心を合セ、右申所の姦吏を一事に軍《いくさ》いたし打殺、日本を今一度せんたくいたし申候事ニいたすべくとの神願ニて候(後略)」

とは坂本龍馬が乙女姉に書き送った文の一部だが、多くの日本人が、龍馬が「日本を今一度せんたくいたし申候」と言っているのは明治維新を予見し、行動したと誤解をしている方が多い。残念ながらそれは違う。

文久三年(1863年)五月十日に長州が攘夷実行と称して、下関を通行する外国船に戦闘をしかけた時の龍馬の考えを記したものである。文中の「姦吏」とは幕府のことだが、幕府がフランスなど外国への力添えをし、外国船の修理に加担していることに対して龍馬は憤慨している。当時龍馬はまだ過激な「尊皇攘夷」思想を持ち、幕府を「打ち殺す」という過激な発言をしている。

龍馬は、大政奉還という平和裏に江戸幕府からの政権交代を実現した立役者として名を轟かせたが、ここに至るまでには紆余曲折があり、この手紙はまだ、過激な思想を持っていた時期の龍馬の言葉である。龍馬の偉さは、その後、むしろ幕府を撃つという過激な「日本の洗濯」をより広い意味に組み替えたところに真の偉さがある。

いくら神頼みをして「攘夷」と叫んでも、所詮、世界情勢の中では独りあがきするだけだという事を、グラバーなどの武器商人との交渉を通して龍馬は学んだ。「日本人の荒ぶる気持」=「攘夷」では欧米列強には対抗できず、柔軟な外交(龍馬の場合は貿易)と、全方位外交が日本を富ますことだと理解していたはずだ。

日本が世界の中で、自分の立ち位置を見失って、完膚なき敗戦に追い込まれたのは、二度ある。

一つは、昭和六年(1931年)の満州事変から、昭和二十年の太平洋戦争の敗戦(1945年)までである。

そしてもう一つは太平洋戦争敗北から千三百八十年前の白村江《はくそんこう》の戦い(663年)である。数万の倭国兵は完膚なきまでに殲滅させられ、その後、唐軍が日本侵略をしてくるのでないかという危機感が倭国を襲った。朝鮮半島と、日本を支配し始めた帰化人による大和政権との関係、その背後の中国情勢を見誤ったものであった。

それら二つの歴史的な事象は、情勢判断を誤り、日本を危機に陥れたのだが、その何れもが、戦闘的な荒ぶる血の暴走である。そして、国家存亡の敗戦によって打ちのめされた日本人の精神性を自ら見直すことを促したのは、今も日本人の約二割が持つ、縄文人の核ＤＮＡであった。

蘇我一族を倒し、実権を握った中大兄皇子（後の天智天皇）、藤原鎌足（藤原一族の祖）主導のもとで、白村江の戦いは完敗した。その後の天武、持統の統治は、中国との親善を図り、帰化人の能吏を使い、日本の祖霊としての縄文人の精神性を見事に押さえ込み、親和させた。それが「大和朝廷」としての基盤となり、日本統治をすみやかになし遂げることとなった。「万葉集」に歌われる、人々の暮らしのなかに縄文の精神性の豊かさ、その片鱗を見いだすことが出来る。「言霊」が人々を支配していた時代、先住者としての縄文人達の祖霊を蔑《ないがし》ろにしてきたそれまでの大和政権から、大きな政策転換であった。詳しくは拙著「言挙げぞする」を参照されたい。（146ページから184ページ）

江戸幕府の瓦解により、明治政府が立ち上がったが、富国強兵・殖産興業の名の下に、欧米列強の技術力は積極的に取り入れたが、七世紀以降に作られた、道教や儒教を基にした国家神道を国の精神的基盤とし、廃仏毀釈をはじめ、祖霊である縄文の精神など蹴散らされ、縄文文化が存在したことも顧みられなかった。

実は、白村江の敗戦と、太平洋戦争の敗戦は、実に酷似している。千三百年も隔たっているこの二つの結果は、歴史から何を学ぶかという大切なことを教えてくれる。

ただ、日本の歴史ではほとんど語られていない、四世紀後半から、天武・持統天皇の時代（673年～697年）に政権が、堅固なものとなっていく。日本の歴史の変遷の活動を考察すると従来考えられなかった日本像が見えてくる。

神国日本は不敗であるという「神話」は、この事実が判ってしまうと、明治・大正・昭和初期の国民啓蒙にとっては誠に都合が悪かった。その狭量な発想が我々の記憶から遠のきつつある今、為政者たちはまたぞろあれこれと画策している。日本の危険な兆候ということだけは、はっきりと言っておこう。

断っておくが縄文人と言っても、単独の民族がいたわけではない。旧石器時代に多くの人々が様々な場所から日本列島に流れ込み、一万年以上かけて日本列島の中で融合し、地域ごとに異なる面を合わせ持ちながらも、ほぼ共通する文化を熟成させていった。これを総称して「縄文人」という。

かつて縄文人といえば縄文の年代観だけでなく、狩猟採集に明け暮れ、移動生活をしていた野蛮人とみなされていた。縄文時代は、原始時代と同意語だった。それが戦前の事であった。まだ七十四年と経っていない。

戦後は唯物史観が、史学界を席巻し物質や経済、生産力という視点で歴史を捉え、「人間社会は段階的に発展し、最後は共産主義に行き着く」という考えで、農耕を行っていなかった縄文時代に対し、負の歴史的評価を下している。

歴史のイデオロギー化である。これも誤った歴史の認識であった。生産力は低く、無階級で、無私財であり、停滞の時代とみなし、弥生時代に大陸から新技術が導入されることによって、払拭されたと考えた。

歴史的発展は余剰と階級の差が生まれる農耕社会によってもたらされると、考えられていたのだ。

そういう時代を経て、平成六年（1994年）に青森県青森市で三内丸山遺跡が発見され、縄文見直し論が俄に高まった。

私はここで、学問的なことを追究するわけではない。我々の中でじっくりと熟成されて、柔軟で和平的な思考と習俗を持つ縄文の精神を見直し、それをどのように現代の我々に、利用していくか試みようと思っている。

この章の冒頭に記載した「安らかに眠って下さい　過ちは繰り返しませぬから」という「原爆死没者慰霊碑」の言葉に対するアレルギーは、ごく一部の人間は持ってはいるが、歴史の時間軸を何処に取るかで、戦争の加害者は時に被害者になりその逆にもなる。時に自分の命と引き換えにしても守らなければならないこともあり、断腸の思いで妥協しなければならないこともある。この言葉の解釈は、それぞれの日本人が、イデオロギーに囚われず、その時々の正しく素直な自分自身の感性に向き合えばいいのである。

私がそう信頼するのは、我々現代の日本人が平均して核ＤＮＡの平均二割を持っているため、それが精神的な「ラチェットストップ (rathed stop)」の役割を果たしていると信じるからである。

ラチェットストップとは、マイクロメーターという精巧な測定器に附属していていて、測定圧を一定にする目的で付けられている。一定の値に達するとばねが縮み、つめが引っ込み、ラチェットがからまわりしてスピンドルが止まる。測定物を正確にかつ、傷つけずに測定する必須の装置である。アナログ世代にとっては、垂涎の測定器である。

我々日本人が持つ縄文の核ＤＮＡは、日本が危機に直面したときに、ラチェットストップのように相手国（あるいはその対象）を徒《いたずら》に傷つけずに、しかし必要最低限圧力を加え、正しい情報を得るという、高等外交（生きる知恵）の精神が内在している。勿論それは日常の我々の暮らしにも大きな影響を持つ。

縄文の核ＤＮＡがもたらすその精神は、この先自分自身がどう考え生きたらいいのかという生きる支えに、間違いなくなるはずなのだ。

（二十八）生きていくための日本人の思想

江戸時代の享保十年（1726年）に、大坂に懐徳堂《かいとくどう》という私学が設立された。大坂の有力町人五人が設立の中心となって、その一人、道明寺屋《どうみょうじ》という醬油屋の所有地に学舎が建てられた。その道明寺屋の三男に、富永仲基《とみながなかもと》（1715～1746）という日本には稀な思考をする天才が現れ、わずか三十二歳でこの世を去った。

短い一生の中で、父の作った懐徳堂で、合理的・批判的精神を持ち、ひたすら思索した。その代表作は「出定後語《しゅつじょうこうご》」「翁《おきな》の文」という漢文で書かれた著作である。儒教・仏教・神道のその思想構築を深耕し、批判を展開した。仲基の追求はあまりに徹底していたため、懐徳堂からも破門宣告されてしまった。

その仲基の何が凄いのかというその中心的な考え方は「加上」という考え方であった。

「是諸教興起之分。皆本出于其相加上。不其相加上。則道法何張。乃古今道法之自然也。（色々な教えが起こったり分かれたりするのは、みなもとは相い加上することによるのである。〈しかし〉そもそもたがいに加上するものでなければ、道法はどうして発達することがあろうか。すなわち古今における道法の自然の法則である）」

大正時代に「出定後語」を広く紹介した内藤湖南がこのように言っている。

「加上の原則といふものは、元何か一つ初めがある、さうしてそれから次に出た人がその上の事を考へる。又その次に出た者がその上の事を考へる。段々前の説が詰らないとして、後の説、自分の考へたことを良いとするために、段々上に、上の方へ〳〵と考へて行く。それで詰らなかつた最初の説が元にあつて、それから段々そのえらい話は後から發展して行つたのであると、斯ういふことを考へた。それは「出定後語」の「教起前後」の章に書いてある。佛教の中の小乗教も大乗教も、――その大乗教の中にいろ〳〵な宗派がある、その宗派の起る前後といふものは、この加上の原則によつて起つて來たといふことを考へました」

つまり「加上」とは「前説の上に加え、権威づけようとする」ことである。様々な学説、思想、教義は、歴史的な過程を経てもともとの考え方に何かを加えてしまう。基になる何かを加え新しい説が出来あがる。そういう時間的発展を遂げてきたものが、江戸時代に伝わっている儒教、仏教、神道なのであるとし、思想発展の共通の発展原理を打ち立てて見せた。

例えば、儒教にあっては、孔子の言葉といいつつも、様々に孔子にかこつけて、皆加上したものである。

「同じ孔子の道にも、儒分かれて八となるとあれば、さまざまに孔子にかご（こ）つけて、皆その上を出たるものなり」

仏教にあっては、もともと釈迦の言葉があって、弟子達が作り上げた小乗仏教があって、後にそれを加上して、大乗が説きだされ、その後、各派の説が次々に加上していった。

「空処、色界、欲界、六天、みなあい加上してもって説となせり。その実はすなわち漠然、なにかその信否を知らん」

また神道については

「扨《さて》また神道とても、みな、中古の人共神代の昔にかこつけて、日本の道と名づけ、儒仏の上を出たるものなり、（中略）仏といひ儒といふも、皆後の世の人が、わざとかりに作り出たることどもなれば、神道とてまた神代のむかしにあるべきにはあらざるなり（後略）」

実は仲基は、儒仏神のすべてを否定したのではないのだが、特に仏教家達は

「たかが醤油屋の三男が、経典にある仏陀の言葉を否定するとは何事だ」

と仲基排斥に躍起になった。当時の仏教界では、仲基の考え方が判らず、大乗仏教は加上だという論を、仏教否定論と受け取った。

さらに仲基は、

「言に物あり。道、これがために分かる。国に俗あり、道これがために異なり」

とも述べている。言に物ありとは、例え同じ言葉であっても、誰が、どの時代にどのような状況で言ったのかによって、意味に違いがある。また、思想に国民性や民族性があって、加上を規定する傾向が違うと考えた。この発想は、「文化人類学的発生と言ってよい」と、山本七平氏が述べている。（山本七平著「日本人とは何か。」・ＰＨＰ出版）

仲基は「出定定後」の三ヶ月後に「翁《おきな》の文」を刊行した。その三ヶ月後に仲基は亡くなってしまうのだが、その中でこう述べている。

「今の世に、神儒佛の道を三教とて、天竺、漢、日本、三國ならべるものゝ様におぼへ、或ひはこれを一致ともなし、或はこれを互ひに是非して争ふことにもなせり。しかれども道の道といふべき道は、各別なるものにて、此三教の道は、皆誠の道にかなはざる道也としるべし。いかにとなれば、佛は天竺の衢、儒は漢からの道、國ことなれば、日本の道にあらず。神は日本の道なれども、時ことなれば、今の世の道にあらず。國ことなりとて、時ことなりとて、道は道にあるべきなれども、道の道といふ言ばの本は、行なはるゝより出たる言にて、行はれざる道は、誠の道にあらざれば、此三教の道は、皆今の世の日本に、行れざる道とはいふべきなり」

そう述べた仲基は、

「しからばその誠の道の、今の世の日本に行はるべき道はいかにとならば、唯物ごとそのあたりまへをつとめ、今日の業を本とし、心をすぐにし、身持ちをたゞしくし、物いひをしづめ、立ちふるまひをつゝしみ、親あるものは、能《よく》これにつかふまつり、君あるものは、よくこれに心をつくし、子あるものは、能これををしえ、臣あるものは、よくこれをおさめ、夫あるものは、能これに従がひ、妻あるものは、能これをひきひ、……」

と、日常の当たり前のことを、何の衒《てら》いもなく身を処して生きればいいという。

「されば今の世にうまれ出て、人と生まるゝものは、たとひ三教を學ぶ人たりとも、此誠の道をすてゝ、一日もたゝん事かたかるべし」

儒教や仏教、神道もそれぞれの信仰を持っていたとしても、社会の常識的な規範を捨てては、日常生活が立ちいかなくなると言うのである。後世に付け加えられた「加上」の部分を取り去り、それぞれの思想の出発点を見た時、どれもその時代、その国に合った「あたりまえ」の常識的規範から成り立っていると仲基は気づいたのだ。

日本の国に当てはめた場合、その精神の基は何かというと、それは我々の中に息づく「縄文精神」だと私は思っている。五世紀、六世紀、儒教や仏教（併せて道教）が伝来してきた。その結果どうなったか。

日本の精神構造の文化を取り込み仏教が変わった。仏教が縄文精神に呑み込まれたのだ。その逆ではない。

儒教も形而上学的で、自然学的な体系を持つ理路整然としたものであったが、日本に入ってくるや、非朱子学化し、世俗化していった。それは儒教の非形而上化で、観念的なことから日常生活のレベル、つまり封建道徳の涵養や国民教養の向上という「儒学」に変化していった。例えば日本に発達した、武術、すなわち弓術、剣術、柔術などは、儒教の一部分、五徳と言われる「仁義礼智信」を形而上の体系から切り放し、縄文の精神を触媒として、日本的な儒教に変容した。

日本の仏教の教祖達は、縄文精神を取り込んで、独自の仏教を作り上げた。空海や道元、親鸞は本能的に縄文の精神を掬い上げ、それぞれに「加上」して日本の新しい仏教を作り上げた。しかし、戦後七十五年、仏教学者の多くは、西欧の哲学的発想で仏教を捉えようとした。日本に入って日本的に変質していった。仏教は儒教の力も援用して（拙著「言挙げぞする」195～199ページ参照）先祖供養と結びついた。仏教学者達は、これらをじっくりと検証することもなく、低次元の民間宗教として無視し、貶めた。確かに、その後も仏教界そのものが「葬式仏教」に堕落し、現在に至っているのだが、縄文精神や儒教、道教の影響はどんなものだったのか、しっかりと研究すべきであったろう。世俗化することと、堕落してしまうことは一義ではない。

資本主義という、物質至上主義を「教義」に持つ「新興宗教」によって、本来の仏教はいつの間にか取り込まれてしまった。

「新興宗教」の歪みを取り除くことこそ、本来の仏教の面目であるはずなのだが、その仏教が拝金主義に汚されてしまった。資本主義の編み出した優遇税制に守られ、戒名何十万、いや何百万と求める僧職者。多くの寺は僧職者の家族の住む庫裏を含めて檀家の所有物なのだが、世襲は当たり前になり、本堂の修理を後回しに、そちらを先にという寺もあるようだ……。

それらを批判しなければならない仏教学者は、そんなことは「俗」なことだと、字句解説のみの教条主義に陥って、欲望を煽り続ける「宗教」から逃げてしまった。

日本人の多くは宗教の原風景を忘れてしまったのではないか。世俗の不条理、不平等が招く、悲哀に寄り添いながら、共に共感していくという一番大事な感性を、仏教はじめはその指導者達は忘れてしまった。

ところで、日本人の一般的な宗教観は、ユダヤ教、キリスト教、イスラム教などの旧約聖書の神、一神教という主体的決断によって選び取られたというものではない。だから、日本人の多くは貴方の信ずる宗教はと問われると「無宗教です」と決まり悪そうに答えることになる。しかし、日本人の心の中には、仏教も儒教も取り込んでしまう、強力だが、自覚されずに一万六千年前より息づいている縄文精神というしなやかな宗教的感性が宿っている。それは、我々日本人が忘れてはいけない精神なのだ。もっと積極的に取り入れていくことがこれからの社会を生きる上で大切なことだと思っている。

我々の身近なところに縄文の名残がある。

(二十九) 縄文の伝統は今も生きている

日本料理は「煮る」という料理法がその基本だ。縄文人は世界で最も古いであろう土器を利用し、食材を煮て食べていたという。一万六千年前から、営々と続く長い伝統の料理法だ。

鍋物やおでんはもとより、今や子供から大人まで大人気、日本人の国民食としてすっかり定着しているカレーライス。いずれも、縄文人をルーツとする「煮る」文化の継承である。

文明開化の明治初期に、イギリス海軍経由で伝えられたといわれているカレー。日本のカレーライスは、旧日本海軍が「発明」したというのが定説だ。栄養価の高いイギリス式のスープに改良を重ね、日本人好みにとろみをつけて白米にかけたあのスタイルが出来上がった。兵役を終え郷里に返った旧海軍の兵士達がカレーライスを日本全国に広めたと言われている。その後のカレールーの普及で、何処の家でもカレーを安価で手軽に作られるようになった。

ちなみに短時間で出来る煮込み料理の代表に「肉じゃが」があるが、これも海軍発信の煮込み料理である。

また、現在日本の森林面積は、二千五百十万ヘクタールある。日本の国土面積が三千七百七十九万ヘクタールで、およそ六十七％が日本の森林率になる。先進諸国の中で比べると、フィンランドの七十三・一％、スウェーデンの六十八・九％に次いで、世界で三番目に高い数字である。つまり、日本は世界有数の森林国だ。この森林率は、百五十年ほとんど変わっていない。このうち約半分が天然林、二割が人工林、その他三割が無立木地（樹木が生立していない林地）や竹林などで構成されている。

さてその森に対する信仰である。縄文時代から、現在に至るまで我々の先祖は神様のいる山は残した。神の精霊は森に宿る。弥生時代になってもその精神は続いた。縄文時代の一番大事な依代《よりしろ》（神霊が意志を伝えるため人間界に現れるときに依《よ》りつくもの）である森を残した。鎮守の森である。弥生時代は農耕の地にするため大規模な森を切り開いたが、鎮守の森だけは残した。何気なく接している暮らしの中に、先祖から脈々と伝わってきた事物が息づいている。

言霊を信じ、森の神を畏怖し、農耕も、工業も貪欲に取り組んでいく日本人。普段、縄文の精神は我々の心の奥にしまわれ、帰化人たちの文化に隠れ、姿を見せようとはしない。それは一見妥協そのもののように思われているが、私はこの二枚腰、三枚腰が縄文精神の真骨頂だと思っている。そしてそれが、ここまで我々日本人を支えた、したたかさであり、実に逞しい精神文化だと思っている。それを「自虐思想」と捉えてはその本質は見えない。

これまで、帰化人は日本列島に一度に入ってきて、縄文人を圧倒し、そこで稲作文化を中心として大きな文化の断層があったという説から、最近では、どうやら少しずつ帰化人がやって来て縄文人と融合していったと、研究が進歩した。

我々の使っている「日本語」はいったいどこからもたらされたのか、はっきりとわかっていないが、従来までは「弥生時代に渡来人が縄文語を駆逐して、弥生時代に日本語の原型が完成した」

と考えられていた。あるいは、縄文語はないと言われてきた。すべて帰化人のもたらした文化によって今の日本があるという仮説に基づいていた。縄文時代と弥生時代の間に、大きな文化の断絶があったという発想だ。

しかし、その説は、最新の古代研究である

「様々な場所から、一万年近くの間に、漸次列島にやって来た帰化人が、縄文人と融合した」

という説と合わなくなってしまった。

拙著の「言挙げぞする」の中でも記載したが（22ページ～24ページ）、伊藤くみ子先生が主張されていた

「日本語は、帰化人がもたらしたものではない。古代からあった日本語を帰化人達が習得していった」

という五十年以上も前から主張されていた論が正しいということになろう。

六世紀から、日本列島は、大陸と半島の混乱によって、大量のボートピープルが渡ってきて、縄文人と血が混じり、帰化人がもたらした水田稲作とも相まって、人口爆発を起こしていった。しかし縄文の文化と習俗を、ついに消し去ることはできなかった。

ちなみに朝鮮半島からの大量移入は、六六三年八月二十七日・八日と両日の海戦で日本水軍は、唐新羅連合軍に完膚なきまでに敗れた。その白村江《はくそんこう》の戦いの後である。三年前に百済が滅亡し、百済の遺臣は日本に救援を求めた。大和朝廷は朝鮮南部の日本の権益を守るため、これに応じて大軍を派遣した。斉明天皇・中大兄皇子（敗戦後、天智天皇に即位）らも北九州に本営を置いて指揮したが、天皇は病死。朝鮮半島からすべての兵を引き揚げ、撤退せざるを得なかった。

さて、縄文の精神が未だに、我々の基層の精神に宿っているということならば、その精神は宗教、就中《なかんずく》、仏教にこそそれが

あるはずである。そのような仮説を前提として、日本の古代の宗教観、ないしは宗教心とは何かということから考えてみたい。

結論から言うとそれは、

「無限を感じ取るこころ」

と一言でまとめられる。

昨年の一月に惜しくも逝去された大峯顯《おおみねあきら》氏（宗教哲学者。浄土真宗の研究。西田幾多郎研究で知られる）は、近代プロテスタントの父と言われる哲学者・神学者シュライエルマッハーの言葉をこのように引用した。

「宗教とは宇宙とは何かを知る哲学的な思惟の働きでもなければ、自分で努力して宇宙の中に善を実現していこうという、道徳的な意志による行為でもなく、ただ宇宙をそのまま受け入れ、無限なものが絶えず私に働きかけていることを感ずることである」

という。

そして大峯氏は、西田幾多郎という独自の哲学大系を打ち立てた哲学者の言葉をこのように解釈している。

「その西田先生は、日本の文化は情の文化であり、日本の文化の特徴は情にあると言っています。情とは何かと言いますと、無限なものを有限化しないで受け取る働きであり、人間が無限なものへ行く通路は情にあるということです。人間の知性とか意志は無限なものにつながることはできず、どこまでも有限なものとの関係にとどまるというわけです。なぜかと言うと、情は能動的でなく受動的だからです。情は受動的だから、無限なものをそのまま受け入れることができる。形に限定しない無限、無限なものを無限なままで受け取る、そういう働きが情にはあります。（後略）」（大峯顯著・浄土の哲学〈高僧和讃を読む〉・本願寺出版社）

さて、宇宙をそのまま受け入れ、その永遠と無限を感ずることが「宗教」の原点とすれば、我々が今生きている、自分自身は古代人の感性よりも大きく劣化していることを認めざるを得ない。昇る太陽、沈みゆく太陽、闇と月、森と川などあらゆる自然の循環を前に、いにしえの日本人は何を思ったのだろうか。

まずは、日本の神話から話題を探ってみたい。

私は腑に落ちないことを、これまでずっと抱えてきた。それは未だに続いていたのだが……。今はようやく自分自身でも納得している。以下はそのまとめである。

天照大神《あまてらすおおみかみ》は太陽の神格化されたものだと言われてきた。しかし、日本の神話は「太陽」そのものについては何も語ってくれない。これは万葉研究家の中西進氏の言葉である。さらに中西氏は、こうも述べている。

「また、日本の神話は、天照大神の孫――いわゆる天孫ニニギノミコト（邇邇芸命）――が日本の国土に降り、その子孫が大和で日本を統治したと語ります。ですから日本の神がみの中でもっとも代表的な神は天照大神だと思われています。

しかし広く神話を見渡しますと、どうも天照大神はそれほど影が濃くありません。（中略）

それよりももっと大事なところに登場するのはミオヤ（御祖）の神と呼ばれる神さまです。たとえばイザナキ・イザナミが子どもを産んだところ、蛭《ひる》のような子が生まれました。この異形の子を畏れかしこんで、どうしたらいいでしょうかと相談を持ちかけるのは、ミオヤの神に対してです。大国主《おおくにぬし》という神が殺されたときも、彼をよみがえらせたのはミオヤの神です。

このミオヤの神は別の名前、タカミムスヒ（春吉付記・高御産巣日神《たかみむすひのかみ》）で登場するのですが、ほかならない天孫降臨のときも、天照大神とともに天孫を派遣する神として出てきます。

こうなるとミオヤの神こそ、中心の神だというべきでしょう。

ミオヤの神とは、いうまでもなく祖先の神様という意味です。『ミオヤ』とは、すべての判断の根拠になっている祖先神であり、ここを根源として、出来事は正しく理解されるという考え方です。天照大神は、よく太陽の神格化だといわれます。太陽ですから、祖先神（人格神）のように物事は判断しないのです」

そうして中西氏は

「ここに、古代日本人における祖先崇拝の強さを知ることができます、祖先こそが『神』だという強い信仰があったのです。祖先崇拝はアジア一帯の信仰だといわれています。（後略）」

と記載しています。ミオヤとは、折口信夫のいう「御祖《ミオヤ》の神すなわち、母神」である。

古事記には

「天と地が初めてひらけた時に、天上世界に出現した神の名は、天之御中主神《あめのみなかぬしのかみ》。次に高御産巣日神《たかみむすひのかみ》。次に神産巣日神《かむむすひのかみ》。この三柱の神は、それぞれ一神としての単独神でおいでになって、その姿を顕らかになさることがなかった」

とある。中西氏が記述されている、ミオヤの神とは、タカミムスヒ＝高御産巣日神《たかみむすひのかみ》であり、別名高木神《たかきのかみ》といわれる神。もう一体のミオヤの神はカミムスヒ＝神産巣日神《かむむすひのかみ》である。

古事記においては、天照大神は伊邪那岐命《いざなぎのみこと》が伊邪那美命《いざなみのみこと》の居る黄泉の国から生還し、黄泉《よみ》の穢れを洗い流した際、左目を洗ったときに化生したとなっている。このとき右目から生まれた月読命《つくよみのみこと》、鼻から生まれた建速須佐之男命《たけはやすさのおのみこと》と共に、三貴子《みはしらのうずのみこ》と呼ばれる。伊邪那岐命は天照大神に高天原（たかあまのはら）を治めるように指示した。しかし私は、古事記の最初の部分である「天地の創成」の〈特別な天つ神と神世七代〉の部分は、それ以降の古事記の記述とは、大きな違和感を感じていた。

タカミムスヒは、天照大神を始め、大事な部分で神々を助けるのだが、そんな大事な神は、後の「神道」ではほとんど語られていない。江戸、明治、現在に至るまで、その大事な部分が何故語られなかったか……。

調べていくと一冊の著作に出会った。戸矢学氏の「縄文の神」よみがえる精霊信仰（河出書房新社）である。私の中でバラバラだった知識を繋ぐヒントを与えてくれた。

まず天之御中主神《あめのみなかぬしのかみ》という神名は宇宙の中心、世界の中心という意味で抽象名詞であって特別な意味を体現している神ではない。

残る二つの神、タカミムスヒとカミムスヒの神に共通する観念あるいは理念が「ムスヒ」である。

「『苔むす』などの用例もあるように、芽生える、発生するという『産生《うぶすな》』の意味から、タカミムスヒは天岩戸開きを指示して夜明けをもたらし、またカミムスヒはオオナムヂ（春吉註・大国主《おおくにぬし》＝言わずと知れた因幡の白兎の物語の神）を生き返らせたことから『蘇生』の意味にまで至る。すなわち、万物の生成発展に寄与する力であり、神道の根本思想である。

ムスヒ神もアマテラス神もともに『ヒ』の信仰であることは言うまでもないが、アマテラスがあくまで太陽の恵みを体現する『日』あるいは『火』であるのに対して、ムスヒはそれとは次元の異なる『靈《ひ》(霊)』によっている。これは『精霊』のことであって、自然崇拝の本質であろう」

また

「これらの『ムスヒ神』は、神道において極めて重要な意味を持つ原初の神でありながら、記紀神話についての事績がほとんど記されていない。しかしこれはむしろ逆にとらえるとわかることがある。つまり、事績のない神が、神話の冒頭部分に登場するという関係性である。(中略)

弥生の神々がイザナギ、イザナミから始まるかそれともアマテラス、ツクヨミ、スサノオから始まるか様々な説はあるが、いずれにしても岐美(イザナギとイザナミを省略してこう記載する)より以前の神々は弥生以前の信仰によるものと理解されることになる。しかも、ムスヒ二神は神話の冒頭に登場する。これは、神々の系譜においても祖神を示す以外の何物でもないだろう。すなわち、ムスヒ神こそは、弥生以前の神であって縄文の神である。

おそらくアマテラスは、ムスヒ神の娘神であり、ムスヒ神は縄文神、アマテラスは弥生神であるだろう。そしてこの関係は、渡来の海人族であるアマテラスの血統が、土着のムスヒ神の血統に融合したという意味であろう。語弊を恐れずに言うならば、イザナギ、イザナミ二神は、基本的な枠組みである国産みを成立させるための連結であろう」

この本に記載されている骨子は、私の考えをすべて代弁してくれた。

こういう視点で、古事記を読み、日本書紀を読み直し、万葉を読んでみると、縄文の精神は、鎮魂とともに、さまざまな産生、すなわち「産霊《むすひ》」の精神が宿っていることが分かる。つまり日本人の死と生の精神の拠り所である原点がここにある。

戸矢氏によると、幕末の国学者たちがこぞって「ムスヒ」の研究に手をつけたがついにここまでたどり着いた説はなく、かの折口信夫も、昭和二十七年(1952年)九月に「産霊の信仰」というごく短い特別講義を行ったが、「ムスヒ」の研究に手をつけたままで、まもなく病に冒され、翌年には他界してしまい、折口のその研究は緒についたばかりで纏まっていないという。

この御祖《ミオヤ》の神すなわち、母神である縄文の神は、我々の中に息づいているのだが、前述したとおり、戦前までは、縄文時代は原始時代と同意語だったというのが、研究者の実態であったし、戦後も正しい認識が阻害された。

しかし日本人の持つ縄文時代の「まつろわぬ神々」は土地土地の土俗神（地神）となって今も生きている。それは、前述した森林率が未だに七割に近い日本の、山岳信仰「カンナビ」（神名備・神隠・甘南備・神奈備、など）という自然崇拝に代表される。

そこには「ヒモロギ」（神籬・霊諸木）といわれる森が連なり「イワクラ」（磐座・岩倉・岩鞍）といわれる崖や奇巌が聳《そび》えている。

天空には雲たなびき、霧を呼び、雷光が閃き、大雨と風が吹き荒れる。鎮まったあとは、清冽な清水が集まり滝になり、川になり、大河にいたり、海となる。そこには「ムスヒ」（産霊《むすひ》）のすべてが存在する。霊すなわち「ヒ」（霊・靈・火・日）が宿る場所なのである。

我々はその異界の空間に入った瞬間から、畏怖心と、尊厳と宇宙の循環を感ずるのだ。そしてその空間は、我々一人一人の中に生きている。それは日本人がしっかりと持たなければならない「宗教観」の根幹だと思う。

(三十)日本の「宗教」空海と親鸞のこと

最澄が延暦七年（788年）比叡山延暦寺を創建した。その延暦寺からは、日本天台宗の基礎を築いた円仁、円珍、浄土宗の法然、浄土真宗の親鸞、臨済宗の栄西、曹洞宗の道元、日蓮宗の日蓮など、多くの人材が輩出した。彼らは若い日に比叡山で修行したことから、比叡山は「日本仏教の母山」とも称されている。その比叡山は縄文信仰の聖地である日吉大社(かつては「ひえ」と読んだが、戦後「ひよし」と読ませている。牛尾山〈八王子山〉の頂上の磐座を信仰していた)そのものであった。延暦寺はそれを奪い、日吉大社は山麓に移された。

また空海が密教道場として開いた金剛峯寺をはじめとして、高野山に連なる密教聖地は、丹生都比売神社《にふつひめじんじゃ》という霊地に建てられたものである。

道元が本山として開いた永平寺はもともと白山神社であり、代表的な寺院・善光寺は水内大社という縄文神道の聖地に伽藍を建設したものである。いずれも、縄文からの神々の聖地が、当時の新仏教の総本山となっている。

なぜだろうか。

山折哲雄氏は

「ここで何よりも注意しなければならないのは、インド仏教徒たちにとって、浄土と現世のあいだに無限の距離が横たわっていると考えられていたことである。そこには十万億土という無限空間の亀裂が走っている。その断層を埋めるには、ほとんど想像をこえるような時間と努力を必要とする。

その無限空間の断層を易々とびこえてしまったのが日本人であった。なぜなら浄土は西方十万億土の彼方に存在するのではない、それは我々の眼前に横たわる山岳の頂上にこそ存在すると想像されたからである。浄土を現実世界に招き寄せ、あろうことか来世まで現世に吸収しようとしたのである」（宗教の話・朝日新聞社）

私は思う。インド仏教の幻術的な思想を、直情的な縄文精神が取り込んでしまった。インド仏教が日本的仏教に変わったのは、至る所に存在した縄文の霊場によって護られたからではないかと思っている。

ところで　山折氏のいう「浄土」は、阿弥陀如来が諸菩薩を伴って、浄土と穢土、来世と現世が重なった世界を述べている。

一方、空海は大日如来という大宇宙を作り出しその中心にある仏を体系化した。その空海の密教において、胎蔵界と金剛界の二つによって、緻密な密教が創られた。金剛界は、高みを目指しそびえゆく強い意志。男性の力。たとえるならダイヤモンド。それも悟りへの道。また胎蔵界は、無条件に受容する愛。女性の力。たとえるなら蓮の花。この両者併せて宇宙の一体が形成される。

大日如来の蓮は、真っ赤に赤い。空海密教の描く蓮の赤さは、強烈な生への欲望なのだ。梅原猛氏はこう記述する。

「その色の赤く燃ゆるがごとき生の花に、いったい煩悩がなんだというのであろう。このような欲望の肯定と制御、それによって、人間の自由が可能なのであり、それが、三界に自在を得て、大安楽にして、富饒なりという境位なのである。密教はこのような生命の肯定、欲望の肯定、感覚の肯定、怒りの肯定、笑いの肯定の仏教なのである。長い間、死を見つづけた仏教の目が、死の目を離れて、生に対する大いなる言葉を発したのである」（梅原猛著・「宗教」仏教の思想、角川書店）

法華経を翻訳した鳩摩羅什《くまらじゅう》の描く、汚辱に満ちた泥水の中から咲く蓮は、羅什の深い煩悩と苦悩の昇華された象徴であった。

それは空海密教の「蓮」とは全く違うのだ。

その空海は、かつて入唐する前、十年間日本の険しい山、切り立った海の見える崖で、厳しい修行をした。しかしその十年の足跡は全く知られていない。絶望の果てのその先に感得した生命肯定の思想は、自然と直截に向き合ったことで、空海自身の中に湧き上がった。生命力輝く空海密教を練り上げた。

空海は、奈良仏教から平安仏教へと、転換していくその先頭に立ち、中国の真言密教をさらに系統化し、天皇の加持祈祷から、東寺建立はもとより、綜芸種智院《しゅげいしゅちいん》という庶民のための学校を開き、橋や池をつくるなど社会事業も行なった。書道の達人としても知られている。まさに超人的な業績を成し遂げた。やがて死期を悟った空海は高野山にこもり入定の準備をする。

「空海僧都伝」にこうある。

「命はすでに涯《かぎ》りあり。強いては留むべからず、ただ尽期《じんご》を待たん。もし時の至るを知るを知らば必ず山に入らん」

と断穀し、ついには水も断った。

大日如来は、三つの形で自らを表す。三密と称される「身密」「口密」「意密」、身体と言葉と心（意）によって行われる人間の行為も、本性においては仏の三密と同等であるという意味である。さらに密教は、自然の中に我々と同じ仏を見る思想である。山も川も、花も草木も、風も、雨もそれはすべて精神を持った命あるものである。

高野山に連なる山の姿、山の音、山の心と一体になって、空海は入定した。かくして永遠の命を得た。空海は、縄文の神々が宿る高野山、その母なる大地で、大日如来の化身として生き続けていく。

私ごとで恐縮だが、私の頭の中では「祟《たた》り」と「地獄と極楽」という言葉が、トラウマになっている。

それぞれに違う意味なのは分かっているが、日本の古代史、中世史を眺めていくと、これらの言葉が一緒くたに私の頭を占有する。言霊を俄に信ずるわけではないが、要はこの言葉が嫌いなのだ。

「祟り」とは、神仏や怨霊《おんりょう》などによって災厄をこうむること、罰《ばち》・科《とが》・障《さわ》りと同義的に用いられると辞書にある。

崇徳天皇、菅原道真、平将門《まさかど》という非業の死を遂げた歴史上の三人を日本三大怨霊と呼ぶ。その中の平将門は、古代の朝敵から中世の崇敬対象、そして明治時代の逆賊視から戦後の英雄化と、時代と共に評価が変わる興味深い人物で、現代でも将門の祟りが恐ろしいと噂されている。

討ち取られ、晒された将門の首が飛んで、落ちたと言われる場所はいくつかあるが、最も有名な場所が大手町の将門塚である。日本の財政金融の中枢の場所にそれはある。この場所をなくそうとすると強烈な祟りがあるという。

今も、もうもうとした線香が絶えることは一日としてない。疎んずれば障りをなすが、手厚くすれば御利益が得られると信じられている。塚の周囲には蛙の置物が数多く置かれていて、将門の首が京都から飛んで帰ってきたことから「カエル」ということにかけたもので、左遷先から元の部署に「帰る」、行方不明になった子供が「帰る」との願いを込めて奉納されている。

現世の願い事、利益、栄達と信仰が直結しているのは今も昔も全く変わりがない。人は、霞を食っては生きていけないし、世間の理不尽は、とても一人の人間では解決できないことが数多くあるからだ。

その祟り怨みの死霊を鎮めるには、極楽浄土に往生させる役割を持つ阿弥陀如来が最適という宗教が現れたのは当然のことであった。仏陀そのものは、地獄も極楽も語っていないし、薬師如来は、病を治すというように現世利益を得意とする。

聖徳太子を祀る寺は、本尊が阿弥陀如来の寺が多い。聖徳太子は、理想の仏教国家を作ろうとして、挫折し、その子孫はことごとく惨殺された。その死霊は祟りとなると信じられた。その霊魂を鎮めるのが阿弥陀如来であった。

その後、唐からの新しい怨霊退治の祈祷術、密教が最澄、空海によってもたらされた。桓武天皇によって最澄が、嵯峨天皇によって空海が重用された。それは彼らの祈祷によって死霊が直接調伏《ちょうぶく》されるので、従来の奈良仏教による怨霊の供養は必要がないという強烈なものであった。

しかしその後、天台宗の源信は、この世の醜さ、苦しさの絶望から、極楽浄土への憧れを語るのである。「往生要集」によって地獄を生々しく描き、地獄に堕ちずに極楽へと往生するためには、念仏が大切であると説き、日本浄土教の基礎をつくった。祟りから逃れるための奈良時代の浄土教、つまり霊魂鎮護のための阿弥陀如来礼拝とはその根本から変化した。

源信の「往生要集」に曰く

「大文第一に、厭離穢土《おんりえど》とは、それ三界《さんがい》は安きことなし、もっとも厭離すべし。今その相《そう》を明さば、惣《す》べて七種あり。一には地獄、二には餓鬼、三には畜生、四には阿修羅、五には人《にん》、六には天、七には惣結なり」（汚れたこの世俗の世界を厭い離れると言うことは、私たちの住む世界がいつも安らかなことがなく、なんとしても厭い離れるべきである。今この世界を明らかにすれば、七つに分けられる。第一は地獄道、第二は餓鬼道、第三は畜生道、第四は阿修羅の世界、第五は人間界、第六は天上界、第七は総括である）とある。

この世は穢土（けがれの多い国土）である。だから念仏を唱えて極楽浄土に生まれるのだと説いた源信のこの浄土教は、画期的な宗教であった。だが私は、恥ずかしながら「地獄絵図」が大の苦手だ。うなされるほど嫌いだ。

源信の教えは、極楽浄土に行くために、厳しい行や、立派な寺（地獄の沙汰も金次第）を建てなければならない。庶民には敷居が高すぎた。そこに登場したのが、大秀才、法然であった。

地を這うような生き方を強いられる庶民にとっては、難しい行はとても行い得ない。称名念仏《しょうみょうねんぶつ》による道しか残されていない。仏の名号「南無阿弥陀仏」を口に出して称えれば、浄土にいけると説いた。たちまち多くの信者を獲得した。

当然、旧仏教からは、異端、邪教の批判を浴びた。念仏は禁止され、承元《じょうげん》元年（1207年）四国へ流された。

その法然の弟子親鸞は、法然を無条件にひたすら信じた。その親鸞は、中国浄土教の開祖、北魏の曇鸞《どんらん》和尚（476～542年）を尊敬した。曇鸞は末法無仏の時代には、他力の信心による浄土往生による成仏以外にないと説いた。親鸞の教義は、その曇鸞の思想を根幹としている。

「生死すなわち涅槃なり」

と言うのが親鸞の根本思想である。

親鸞は深く思う。絶望的な状況に陥ったとき、生きることに意味があるのかと思う。「死んでも生きてもよい」ということより、むしろ親鸞は「生きることも死ぬこともできなくなった」のである。自らの存在感、主観などはとてつもなく矮小で、あらゆる事に絶望、いやもっと深い闇に堕ちたのだ。しかしその絶望の闇から、親鸞は「光」を観た。

「いずれの行も及びがたき身なれば、とても地獄は一定すみかぞかし」

どのような修行・努力によっても仏になることのできない身で、地獄は私の必然的な居場所だというのだ。

「善悪の二つ、総じてもって存知せざるなり。そのゆえは、如来の御心に善しと思し召すほどに知りとおしたらばこそ、善きを知りたるにてもあらめ、如来の悪しと思し召すほどに知りとおしたらばこそ、悪しさを知りたるにてもあらめ」

親鸞は、何が善やら悪やら、そんな世俗の二つは分からない。だが、分からなくていいではないか。如来が「それは善である」とお思いになるほど知りぬいていれば、善を知っているとも言えよう。如来が「悪だ」とお思いになるほど知りぬいていれば、悪を知っているとも言えるだろう。善も悪も分別や思慮の遙か彼方にある。親鸞はこうして　すべてを如来に預けたのだ。

親鸞は、阿弥陀様は何かと問われた時に、

「かたちもましまさず、いろもましまさず。無明《むみょう》のやみをはらい、悪業《あくごう》にさえられず。このゆえに、無碍光《むげこう》ともうすなり。しかれば、阿弥陀仏は、光明《こうみょう》なり。光明は、智慧のかたちなりとしるべし」（形もなく、色もない。人間の存在自体が宿す無明の闇を払って、われわれが無始以来積み重ねてきた悪業にも障《さ》えられることがない。ゆえに、無碍光というのである。無碍とは、妨げがないということである。そうであるから、阿弥陀仏は光明であり、光明は智慧のすがたであると知るべきである）

阿弥陀如来は十二種類の光を放っていて、一切の衆生は、この光の輝きを 常に蒙っているという。その中でも、「いつでも（無量光）、どこでも（無辺光）、どんな出来事の中でも（無碍光）」という三光が十二光を代表している。

親鸞は「浄土和讃」「宗教」高僧和讃」「そして「正像末和讃」の三帖を書いた。その最初の「讃阿弥陀仏偈和讃」の冒頭は

弥陀成仏のこのかたは
いまに十劫をへたまへり
法身の光輪きはもなく

世の盲冥をてらすなり

阿弥陀仏が一切の衆生を救いたいという願いを発して仏になられて、十劫という気の遠くなるような時間が経った。以来、法身は光の輪となって絶え間なく回転してその願いは実際に力となり、無限のいのちをもって、暗闇にいる者をくじくため、今日に至るまで止むことなくはたらき続けているという意味であろう。

親鸞において阿弥陀如来の光は絶対の信である。

「日本の感性」（ＰＨＰ文庫）の中で、戸田義雄氏はこのように述べている。

「すでに光に包まれ生かされてあるがゆえに、われわれはこのように今息づいている。しかし、光を障《さ》えぎるものが影を生むように、『生きる上の障害』が、『貧しさ、病い、人間関係の不和、争い』となって影を落とす。人はこの影の中でおびえ、苦しみ、悩む。だが、この影は、光がなくて生じたのでなく、光ある世界の中で、障えぎるものがあって生じたのである。苦の種子は『光なきこと』ではなく、『光をさえぎるもののあること』である。してみると、人は本来、光に包まれてある。要は、いかにして光の障害を除くか、光をそのままに浴びるかである。

親鸞にとって、無量光への絶対の信は、こうした人間存在の根底についての省察に発している。この省察は、すでに見たように印度や支那の浄土教典から彼が学んだところではなかった。ただ、日本人・親鸞が体験的に思索したところに生じたのであった」

名文である。この一文を読めば、「善人なおもって往生を遂ぐ、いわんや悪人をや」という歎異抄の「悪人正機」で言う悪人も善人も、光と影なのである。表と裏ということがわかる。もっといえば、罪深い凡夫の無意味であった世界が、そのまま意味ある世界になるということを親鸞は発見したのではないか。阿弥陀の本願、本願の念仏とはそういうものだと思う。

「まことにしんぬ（知りぬ）。かなしきかな愚禿鸞、愛欲の広海に沈没し、名利の大山に迷惑して、定聚のかずにいることをよろこばず、真証の証にちかづくことをたのしまず。はづべしいたむべし」（親鸞「教行信証」信巻・岩波文庫）

「教行信証」の一文である。あえて私なりに意訳をしてみた。

身をもって知った。悲しいことに、この愚禿親鸞は愛欲の広い海に沈みこんでしまい、名利、すなわち欲の大きな山に踏み惑っている私は、いまだに浄土で仏になることが約束された人々の仲間に入ることをうれしいとも思わないし、真実のさとりに近づくことを快いとも思わない、恥ずかしいことである、かなしいことである。

阿弥陀如来の救いを得、その喜びを幾多の人々に力説している私だが、自分の心にはまだまだ迷いがあるというのである。

親鸞は六十歳を過ぎて京に戻り、長男善鸞を関東に遣わし自分の名代として活動させた。その間、世間との関係を断ち、八十三歳までに、如来にひたすら向き合い「浄土和讃」「高僧和讃」の二作を、八十三歳まで手を入れて仕上げた。そして、一年おいて八十五歳になって「正像末和讃《しょうぞうまつわさん》」を書き始め一年後の八十六歳で終わっている。一年間が空白なのは、善鸞の起こした事件による。善鸞は、父親鸞から、あなた方には伝えていない秘密の教えを聞いていると偽り、自分を権威づけるために親鸞の教えと違った布教をした。親鸞は善鸞を義絶せざるを得なかった。親として僧としての悲痛な叫びは、「正像末和讃」の最後の和讃に集約されている。自分自身を傷み悲しんだ和讃である。

是非《ぜひ》しらず　邪正《じゃしょう》もわかぬ　このみなり
小慈小悲もなけれども
名利《みょうり》に人師《にんし》をこのむなり

(何が是であり非であるのか分からず、何が邪であり正であるのかを本当に理解することができない私です。また、人を哀れみ悲しむ心も持ち合わせていない私ですが、それでも名利心にとらわれて、人の師となることを好んでいる)

罪深い自分を和讃という手段で言葉にすることで、自身が救われている。ただそのために言葉にしている。優れた先師も、妻も子供も、弟子も、信徒も彼の頭にはない。もしもそんなことであったなら、彼の信仰のすべてが「嘘」になってしまう。言葉を発するが、本当は言葉の意味すら意味をなさない。もはやどうでもいいのである。見事な開き直りである。親鸞はただ、阿弥陀如来とだけ向き合っている。無限の光と対話している。そして人はそれ故に同悲する。

親鸞の真面目である。

(三十一)そして身軽になる

誰にでも手に入る資料から、今述べておきたいことを具体的にまとめたのがこの冊子である。日々の細々としたことから、世界事情、宗教観、生死観などあらゆる事が詰まったいわば、煮込み料理のようなものだと思っていただければいい。

私はいつも、生きるということや、とても結論の出ない宗教的哲学的なことから、年末調整の資料をまとめなくちゃとか、晩飯は何を作ろうか等々、実に雑多な事々を瞬時に考え判断、行動している。

それはなんと楽しいことだと思う。

それにしても、我々がこのように日々生きている現状の危うさは、「**(一)「今」を考える**」で記述したので、多くは記載しないが、このままでは「個」としての人間は、厳しい環境の中で翻弄され、埋没してしまう。かといって、世間の様々な事象、事件に対していちいち腹を立てていたら自己を喪失してしまう。

日常を浮《うわ》ついて生きたら、不平の中で生きたら、人生は薄くなる。だまされやすく、心が荒れる。

巧妙に操られたフェークニュースを鵜呑みにすると、加害者として拡散の片棒を担いでしまうこともある。近年の人工知能（ＡＩ）の進化で実際の映像を巧みに加工する「ディープフェイク」は、本物か加工したものか見分けがつかない。新たな種類のデマや虚報が、いつ我が身に降りかかって来るか分からない危険な時代でもある。

「俺は絶対大丈夫だ」

と思っている方はかえって危ない。振り込め詐欺などに応用されたらと思うとぞっとする。

時代は大きく変わっているのだが、それらに対して、我々の判断はあまりに無邪気で脆弱だ。

現在起こっている社会的事象に対して過去の延長で物事を判断すると足下をすくわれる。昭和三十九年（1964年）、今から五十五年前の東京オリンピックと比較すれば、「2020東京オリンピック・パラリンピック」は、運営構造そのものが利権・利益の組織となり、大きく変わってしまった。

また拡大再生産という資本主義システムが立ちゆかなくなって、維持システムに移行しなければならない端緒は様々にあわれているのだが、未だに単純なGDPという成長率に一喜一憂している。その中身、成長の質が大切なのだが……。

我々の環境は、好むと好まざるに関わらず、世界環境とリンクし、年金のシステムそのものも変更せざるを得ないだろう。今までの生活を変えないと、年金生活者の暮らしは破綻する。しかし、日本政府がそれを助けてくれるとは思えない。ではどうするか。極力無駄な支出をしないことだ。必要なものだけ計画的に、ということだ。

それは、拡大再生産を標榜する従来の経済システムから、維持生産システムへ移行する歴史的必然であろう。消費主義は、刺激と新しいアイデアを渇望する人間の脳にとって一種の栄養である。しかし極端に走った消費主義は、社会や環境に悪影響を及ぼすプロセスに変貌する。その結果、私たち人類の長期的な利益（人類の生存といえば大げさならば、地球上の他の多くの種や資源の生存の可能性）が危険にさらされる。

だからわれわれは過剰な消費主義から、身の丈の暮らしの中で精神的に豊かな生き方をするという、大きなパラダイムシフトをしなければならない。

だが我々はそれらのことに対して、どれだけ自分の事に置き換えて判断できるだろうか。

しっかりと思考する「物差し」を持っていないと、情緒的で短絡的な判断に陥りやすい。

私は、その「物差し」の基準を、縄文時代にまで遡って「度量衡」とした。現在の日本人の核DNAを解析すると、縄文人の遺伝子が約二割程度を占めている。確かに二割という比率は少ないかもしれないが、一万六千年前から日本列島に存在した縄文人たちが、その後、列島に移入した多くの帰化人たちと混じりあってなお、この数値の重さは、熟考すべきである。

その縄文の精神は、日本人の思想を形成できるような体系的なものではなく、未成熟であったと、多くの宗教者、思想家といわれる学者たちは反論するだろう。しかし、そうだろうか。

縄文の精神を持つ日本人は、帰化人たちを受け入れた。**（二十九）縄文の伝統は今も生きている**にも記載したが、先住していた縄文人たちの神々、「まつろわぬ神」をどう取り込めばいいのか、彼ら、帰化人の荒ぶる神々は苦悩した。記紀編纂の苦労の跡を見ればそれが分かる。しかし縄文の神々は、自然の畏怖、歓喜を受け止め、帰化人を受け入れる柔軟な親和性があった。

宗教の開祖たちの根拠地は、縄文ゆかりの神々の棲む場所を依代（神域・説明は前述）としているのは面白い。明治以降、記紀の一部分だけを歪んで採りあげ、一神教に近い短絡な国家神道は日本を不幸にした。

縄文時代の豊かな精神性を知らなかった本居宣長の思想などをさらに偏らせた「加上」が、日本人の基層の精神を狭量なものにしてしまった。今こそそれを取り払うのが私の役割だと思っている。

我々は「宗教」をもっと柔軟に利用すべきだと思う。例えば一神教の世界においては異端は許されない。互いに正当を主張して闘争が起こる。旧約聖書から分かれたキリスト教徒とイスラム教は相容れず、同じ教徒同士でもそのわずかな解釈の違いを相互に譲れなくなると、殺しあいが始まる。

多神教を認める「宗教」は緩やかである。世界がこれだけ狭くなった今、偏狭な一神教はますますもめ事を起こすだろう。日本はその点実にうまく宗教を取り込んだ。その宗教の結節が「縄文の精神」だと主張したい。

儒教、仏教、神道は、現世利益と生死の根幹に至るまで、日本人は上手に使い分け使いこなしを行った。徳川時代、天皇の葬式は仏教で、即位式は神道と実に上手な分業になっていた。今でも日本人は人が死んだ後の葬式や法事は仏教が担当し、誕生以後の七五三、結婚式などは神道が行っていた。

出世をしたい、お金を儲けたい、人からよく思われたい等々、現世の悩みに我々は汲汲として生きてきた。それは生きる欲だから大変結構なことだ。

しかし神社や寺はそれをいいことに宗教をダシにして儲けることを考えた。そのために、本来大事な、人間の生きるためのはからい、生命力の活性化、悲しみの癒しなどをそっちのけで、お布施はいくら、祈祷料はいくら、礼拝の仕方はこう、仏事の作法はこうこうと、宗教の本質から離れ、僧侶や神官たちの収入システムになってしまった。

挙げ句の果てに

「正しい作法をしないと、祟りがある。お布施が薄い（少ないとはさすがに言わない）と仏に願いが届けられない」

とんでもないことを言い出す。「宗教」と一番遠いところにいるのは、彼らなのだという皮肉な現象が起こる。

結局のところ従来の仏教も神道、儒教、キリスト教と、宗教は「資本主義」という新興宗教に魂を抜き取られてしまった。

しかし、誤解しては困るのだ。ケインズをはじめ、それ以前の、アダム・スミス、スチュワート・ミルといった古典派経済学者たちは、開かれた市場での取引によって右肩上がりの経済成長を理論化していたが、経済成長の限界をきちっと認識していた。

現実を生きることは、我にまみれることだ。しかし拡大再生産を金科玉条にしてしまったその後の「新」古典派経済学者たちは、人間の欲望という「我」をさらに増幅し、煽りすぎてしまった。これら、「鬼っ子」理論を教義とした新興宗教によって我々は翻弄されているのだ。

私はその欲望、つまり「我」を取り除くことが広い意味で宗教だと思っている。

例えば、仏教でいえば、我が国の宗祖たちは、釈尊を超越的な仏として、ひたすら信じ、身を委ねるという信仰に徹した。

空海は「真言」にひたすら身を委ね、親鸞は阿弥陀仏の光、その自在力に委ね、道元は「只管打坐《しかんだざ》」を標榜し、ただただ坐禅する、そして仏に身を任せ、何のてらいもなく日常の所作を法によって行えという。日蓮は難しい法華経の理解よりも、「もののありのままの姿は『妙法蓮華経』の五字」に凝縮されている。堅固な誓願と帰依の気持ちを込めて、五文字を唱えよといった。

我々は「我」のないもの、純粋なものによって救われる。だから生半可な俗僧が、自分の意見で仏法の解釈をして法話をすると、抹香臭くて鼻持ちならなくなってしまう。こういう俗僧に戒名はつけていただかなくて結構だ。

拙著「言挙げぞする」でも戒名について触れたが、鑑真和尚が聖武天皇に授戒し、戒名を「勝満」と授けたのが、日本での最初だといわれる。これは「我欲」のない素晴らしい戒名だ。そうしてみると値段によってつけられる、「(院)居士・(院)釋」や「(院)大姉・(院)釋尼」など、銭臭く世俗臭がプンプンする。何も人間の我執をわざわざ背負って、あの世に旅立つことはあるまいに……。

それに、教祖の道元も親鸞も日蓮もそんな俗なことは、きっぱりと忌避していたはずなのだ。

俗に流され我にとらわれると人間ろくな事はない。

シンプルに生きるのが一番いい。しかしそれはなかなかに難しい。理屈と実際は全く違う。

俗事をあえて引き受け、様々な名誉職を名刺の肩書きに書き込んでいる御仁もいるが、望まない俗事は向こうから、否応なくやってくる。多くの「俗事」は人間関係と絡んで、無防備な人間の精神をズタズタにしてしまうこともある。

今から二十数年前、父が代表を務めていた中小企業の集まった同業組合が、不渡りを出し、会社更生法の手続きをした。

当時私は、自分の会社を持っていて東京にいたが、非常勤役員の末席にいた。百人近く集まった債権者会議に立ち会った。

非常勤とはいえ責められる立場であった。そのときの殺気だった債権者の顔々を思い出すと今でも背筋が凍る。人間の欲、業《ごう》(理性によって制御できない心の働き)とはこういうものかと思う。人は金のために豹変し、殺し、殺されるということがあるのだと身をもって体験した。

その後すぐ、その組合との関わりは途切れ、今から十一年前に父が亡くなり、父に代わって代表になった方も頑張ったが、一年後に自己破産となった。設立が非常に複雑な協業組織で、三十五年間この組織が維持できたのが不思議なぐらいであった。

実におかしな(不備な)法令に基づいた組織形態で、どんな名経営者が経営してもうまくいかなかったと思う。その後、私が経営コンサルタントとしてやってこられたのは、ここで学んだ様々な負の経験のおかげでもある。

昭和四十九年(1974年)「予算が余ったから計画を一年前倒しにする」という中央官庁のいい加減さからそれは始まった。中小企業庁の意向を丸投げした某県の事なかれ主義。弱者としての中小企業の集合体は、その指示に従わざるを得なかった。

そのすべての経緯を一番知るのは私だけになった。当時私は、大学の研究所にいたが、その申請資料作成を手伝った。

但、その計画は一年後に実施すべき計画書であった。しかし半強制的に一年前倒しに実行され、第二次オイルショックと重なり、人員計画や資金繰りすべてに齟齬をきたした。

当初私は半年だけお手伝いするつもりだったが、操業数ヶ月もしないうちに会計責任者の事務局長が、くも膜下出血で急逝し、私はそこに十年間勤務することになった。

創業当時は父が代表ではなく、初代代表者の経営方針を是正するために、いろいろなことをした。その実際は経済小説にしようにも余りにリアルで、却って信憑性がない。自分の会社を起業してからも大変だったが、この十年間も半端な十年ではなかった。それを承知で嫁に来てくれた妻に感謝している。当時の県の担当者や、組合の役員はほとんど鬼籍に入り、その方たちを貶めることも、リアルすぎた過去を「文字」にするのも痛い。このまま多くを語らないと決めた。

私や母も、この組合に対して債権者の一人であったのだが、前任者から全く引き継ぎのない県職員たちからは、ひどい言葉も浴びせられた。

父の頑張りと粘りは、息子として尊敬するが、資金の多くを拠出し、個人保証をしていたため、その一連の負債に関連してすべて片がついたのは、今から一年半前の平成二十九年（2017年）の十二月の末であった。父の死後から十年が経っていた。

私はその年の十一月二十二日に癌の告知を受けた。このまま父の負の遺産をいい加減にしたままでは、妻や息子たちに累が及ぶかもしれない。手術日を翌年の一月十日と決め、すべて片をつけて入院した。

癌の手術は二月にもう一度行った。取り残しがあるかもしれないというのだ。さすがにこのときは、「死」という一文字が頭をよぎった。

幸い、縄文の神々の加護があったのか、おかげさまで再発はなく、今はこうして物書きをし、弓道も居合も下手なりに続けている。妻や家族には感謝の気持ちでいっぱいだ。

入院したのは「言挙げぞする」（昨年、2018年5月上梓）という、哲理的随筆集のまとめの時期だったので、病室のベッドの上でノートパソコンに向かったことを思い出す。

生とは何だろう、死とは何だろうと考えても、どんどんそこから離れていく。釈尊も孔子も死については触れていない。

道元は、正法眼蔵の「生死」の中でこう言っている。

「この生死は、即ち仏の御いのち也。これをいとひすてんとすれば、すなはち仏の御いのちをうしなはんとするなり。これにとどまりて生死に著《じゃく》すれば、これも仏のいのちをうしなふ也。いとふことなく、したふことなき、このときはじめて仏のこころにいる。ただわが身をも心をもはなちわすれて、仏のいへになげいれて、仏のかたよりおこなはれて、これにしたがひもてゆくとき、ちからをもいれず、こころをもつひやさずして、生死をはなれ、仏となる」

正法眼蔵の中では短い巻である。言葉は平易だが、難しい。

（この生死は仏の御生命であり真理であります。これを厭い捨てようとすれば、仏の御命を失うことになります。生死の問題に執着すれば、これも仏の御命を失うことになります。生死を厭うことも願うこともしなければそれは仏の心、つまり真理の世界にいるのであります。身心を投げ出して生死に執着せず、仏の家に我が身心を投げ入れ、仏におまかせし、仏さまに導びかれてゆくならば、己は力をも入れず、心をも働かさなくて、それでいて生死を離れることができ、仏となるのであります）

生死は仏の境地（涅槃）と心得、生から死へ移るという考えを捨て、生の時は生の事実だけ（生即不生）、死の時は死の事実だけ（滅即不滅）に向き合え。生きているときにはあれこれ考えるなという。

余計なものを捨てることで、本当に大切なものが浮かび上がる。

道元は「無」から「無限」への広がりを求めたが、それは仏の家という広大な宇宙であった。

身と心とは全く一つのもので（一如）、身と心を区別しないのが仏法だという。生まれて死ぬ、この事実のみが涅槃だと説く。

親鸞も、その表現は全く違うが、極楽はあの世にあるのか、この世か、というのは分別。死ぬのはいやだ、死ぬのは寂しい、これも分別であると説く。阿弥陀如来の本願力に任せたところにのみ、分別をこえられる。如来の光、宇宙の循環の中に生と死はある。道元も親鸞も、見ている彼方は同じである。

しかるに、日本人は一万六千年来の縄文の精神をその基層として、仏教による死者儀礼を形成してきた。山岳信仰と浄土信仰とも重なって、さらには儒教の儀式も取り入れて、今の我々の葬送儀礼を主とした仏教となっている。

厳密に、非霊魂説を説いた釈迦の仏説に従えば、現在の仏教活動のすべては、異教どころか全く別なものになってしまう。

道元は正法眼蔵の「辨道話《べんどうわ》」のなかで、こう述べている。

「嘗観《しょうかん》すべし、身心一如《しんしんいちにょ》のむねは、仏法のつねの談ずるところなり。しかあるに、なんぞこの身の生滅せんとき、心ひとり身をはなれて生滅せざらん。もし一如なるときあり、一如ならぬときあらば、仏説おのづから虚妄にありぬべし」

よくよく観察すべきである。肉体と精神が一体であるという思想は、仏教的世界観が常に主張するところである。しかるにどうして、この肉体が生起消滅するとき、精神だけが肉体を離脱して、生起消滅しないということがあろうか。もし〈肉体と精神に関して〉一体のときがあり、一体でないときがあるとすれば、釈尊の〈身心一如という〉教説はおのずと、出鱈目ということになってしまうであろう。

つまり、道元のこの思想こそが、釈迦が説いた仏教の根本で、そこには肉体と霊魂が分離することはなく、厳密に言えば、彼岸や盆に、先祖の霊が戻ってくるとか、この世をさまよう霊魂など、道元からすれば「これ外道の邪見なりとしれ」と徹底的に否定するのである。

今、道元が生きていたら、日本の仏教界をなんというだろう。

だが、逆な見方をすれば、先祖供養という日本人の縄文の精神は、釈尊の根本の思想をも変えてしまうものだ。

ただ、現在行われている先祖信仰のほとんどは、実は儒教からのものである。それは拙著「言挙げぞする」の〈儒教の宗教性と仏教〉(185P ～ 202P)を参照されたい。

宗教は自分に力がある時は頼りない。しかし自分自身が心身ともに疲れ果てた時、その虚の心の中に、極楽往生という慰めの言葉や、きっぱりとした鎮《しず》めの言葉を吹き込まれれば、どれほど安らぐかは想像に難くない。

浄土教の教えをよしとするか、道元のような、禅の思想と繋がるストイックな厳しい教えを好むか、それぞれだが、これまで日本人は実に上手に、いろいろな「仏教」を使い分け、使いこなしをしている。

ただ、重ねていうが、釈迦の真の思想は、道元のそれである。富永仲基という天才によって、明らかにされたように釈迦仏教が大乗仏教の「加上」によって、本来の(原初の)仏教ではないという意味はご理解いただけたと思う。

ただ現在の檀家仏教、葬式仏教の信仰の形式化と形骸化は、縄文の精霊に対しても甚だ侮辱的な商売仏教に堕ちてしまったということは知っておくべきだろう。

この宗教の堕落は、多くの若者がゲームとして実態のない死、バーチャルリアリティの死と向き合っているだけの「社会」と無縁ではない。

預言や霊界とのチャネリングなど、いわばファッション感覚で「宗教」に向き合う若者も多い。先行きの不透明さ、高齢化社会、拡大する格差社会、不安な年金等々、新聞やテレビの報道は繰り返され、慣らされて耐性ができているように見えているが、実は深いところでその不安は蓄積され膨張していく。結局本物の宗教に対する耐性がないから、コンピュータ映像の現実よりも歪んだ増幅されたバーチャル世界に、益々自分を縛ってしまう。実感の伴わない、俗なる宗教が、縄文の精神も俗にしてしまった。それではいけない。

縄文の女神。平成４年８月山形県舟形町で発見。縄文中期の八頭身の均整のとれた土偶。

岡本太郎が縄文土器を見て、いみじくもこう語った。

「激しく追いかぶさり重なり合って、隆起し、下降し、旋回する隆線文、これでもかこれでもかと執拗に迫る緊張感、しかも純粋に透った神経の鋭さ、常々芸術の本質として超自然的激越を主張する私でさえ、思わず叫びたくなる凄みである」

（岡本太郎著「みずゑ」1952年2月号「縄文土器論」）

古代の日本人は、かつて生きる喜びと、死という恐れ畏怖する領域を等分に捉えたのだ。岡本太郎は、縄文土器の中に、ほとばしるような生命を見ると同じだけ、自然の畏怖を等分に感じたのだ。

その世界は、はるか古事記以前の躍動であり、浄土教の地獄・極楽の世界を遙かに凌駕している。

実感のない死と、実態のない死後の世界の呪縛から離れよ。神仏は尊敬すべきだが、神仏頼みだけではいけない。凝ってもいけない。肩の力を抜いて、大きく深呼吸してみよう。

私の好きな有名な句を一つ紹介し、この冊子を終えたい。

金剛の 露ひとつぶや 石の上
川端茅舎《かわばたぼうしゃ》〈(1897～1941) 俳人。東京日本橋生まれ。高浜虚子に師事「ホトトギス」同人〉

絵画を岸田劉生に学ぶが、劉生が急逝し、自身も脊椎カリエスを病み、俳句に専念する。そんな茅舎を支えたのが、異母兄の画家の川端龍子《りゅうし》であった。四十三歳で亡くなるまで十年間の闘病生活でうみだした句は、露の句が多かったがその中でもこの句は名作といわれている。

草間時彦は「俳句十二か月」(角川選書) にこう言う。

「もっとも果敢《はか》ない散りやすい露の玉を金剛不壊とみた茅舎の眼にはその露が生きているように見えるのだった。天地の生命が凝って、露の玉になったように見えた。それを支えるのは石であり、石も茅舎のすきな題材。露が生きて動くものの象徴であれば、石は不動の象徴」と称した。

私、春吉は、この句に自然の輝きと、人間の感性の融合を見た。理不尽なことも、悲しくて張り裂けそうな事も、すべて一瞬の自然、宇宙の瞬きである。一瞬は永遠の宇宙に繋がる。我々はそこで生きている。いや生かされている。

人間は善悪・正邪の分別なしでは生きられないが、その分別によって人間は苦悩し、怒る。

そうした分別の本質が明らかになるとき、分別は分別のままに、それに固執しない智慧の世界も開かれるかもしれない。

それを「無分別智 (分別を超えた智慧)」というのだそうだ。それは分別のない世界ではなく、分別の本質を知見し、分別が障りとならなくなる世界である。

法華経の「譬喩品《ひゆほん》」に

「かくの如き等の火は、熾然《しねん》として息《や》まざるなり。
如来は已《すで》に、三界《さんがい》の火宅《かたく》を離れて
寂然《じゃくねん》として閑居《げんこ》し、
林野に安らかに処せり」

人間たちの棲む世界は、火事場のような状況を呈して、やむことはない。そんなとき、雑踏や喧噪を離れた林野に、つまり自然の中に身を置く。人はただその自然の中に佇む。

はたして、私自身は、煩悩の執着から離れて迷いが晴れるほど人間はできていない。それ程私は、煩悩の強い人間だということだが、たとえ一時でも、心の静寂を得ることができれば、それは自分自身の中にある「宇宙」と同化した瞬間であると思う。そしてまた、その林野を離れて「忍耐」を意味するサンスクリット語「saha」という「娑婆《しゃば》世界」に戻っていく。

それでいいではないか。私は、そう思うようにしている。そうすると、肩の力が少しは和らぐ。

あとがき

「2020東京オリンピック・パラリンピック」について客観的に評論した文章を探していたが、私の知る範囲では見いだせなかった。それならばと調べると、箍が外れたようなあきれたことが、出るは出るは……。いい加減さと利権のオンパレードだ。

相次ぐ天災地変と外圧によって、徳川政権は自滅した。今の日本はそれに近い。明治も司馬遼太郎氏の言う「栄光の時代」などではなく、精神主義や形式主義に毒され、その澱は、昭和の戦前まで色濃く残っていたというのが私の主張である。

戦後ようやっと日本人の感性や宗教観などが、見直されると思いきや、唯物史観が歴史をイデオロギー化してしまった。

縄文精神が我々日本人にどういう影響を与えたかと、考えられ始めたのは最近のことである。この先「縄文精神」を精査しどう活用するかは、我々の近未来を左右する。

29円のモヤシに仮託して、この冊子のタイトルにした。奇抜なタイトルだが、中身は「マジ」に書いたつもりだ。

もしもモヤシに意志があれば、「シャキッとした歯ごたえの俺を食べて、日本人よ頑張れ」というに違いない。

最後に、本ブックレット作成にあたって、福島高校三年六組同級の、福島民友新聞社元常務取締役、菅野建二氏に多くの助言を頂いた。心より御礼申し上げます。

令和元年(2019年)七月二日、半夏生。

◆参考文献

本著作中参考にした、また一部引用させていただいた文献です。膨大な資料を参照しましたので、洩れや抜けがあるかもしれませんがご容赦下さい。

●良き社会のための経済学　ジャン・ティロール　日本経済出版社
●現代経済学　瀧澤弘和　中公新書
●ポスト資本主義　広井良典　岩波新書
●定常型社会　新しい豊かさの構想　広井良典　岩波新書
●グローバル定常型社会　広井良典　岩波書店
●隷属への道　フリードリヒ・ハイエク　日経ＢＰ社
●「定常経済」は可能だ　ハーマン・デイリー　岩波書店
●現代史の中で考える　高坂正堯　新潮選書
●世界史の中から考える　高坂正堯　新潮選書
●蹇蹇録　陸奥宗光著　中塚明校注　岩波文庫
●「蹇蹇録」の世界　中塚明　みすず書房
●陸奥宗光とその時代　岡崎久彦　ＰＨＰ研究所
●小村寿太郎とその時代　岡崎久彦　ＰＨＰ研究所
●ポーツマスの旗・外相小村寿太郎　吉村昭　新潮文庫
●論語　金谷治訳注　岩波文庫
●論語新訳　宇野哲人　講談社学術文庫
●新訳論語　穂積重遠　講談社学術文庫
●沈黙の宗教(儒教)　加地伸行　筑摩書房
●孔子　和辻哲郎　岩波文庫
●プロテスタンティズムの倫理と資本主義の精神
　マックス・ウェーバー　大塚久雄訳　岩波文庫
●職業としての学問
　マックス・ウェーバー　尾高邦雄訳　岩波文庫
●「日本思想体系」　岩波書店
●山本七平ライブラリー　山本七平　文藝春秋

●仏教の思想　角川文庫ソフィア
●増谷文雄著作集　増谷文雄　角川書店
●梅原猛全対話　梅原猛　集英社
●梅原猛著作集　梅原猛　集英社
●「宗教」仏教の思想　梅原猛　角川書店
●現代語訳正法眼蔵全12巻　西嶋和夫　金沢文庫
●正法眼蔵提唱録全34巻　西嶋和夫　金沢文庫
●正法眼蔵　全4巻　水野弥穂子校注　岩波書店
●正法眼蔵参究　弁道話　安谷白雲　春秋社
●空海「般若心経秘鍵」　金岡秀友訳・解説　太陽出版
●空海「即身成仏義」　金岡秀友訳・解説　太陽出版
●密教の哲学　金岡秀友　講談社
●空海入門　ひろさちや　中公文庫
●歎異抄　金子大栄校注　岩波書店
●歎異抄　増谷文雄　ちくま学芸文庫
●空海コレクション1・2　宮脇宥勝監修　筑摩書房
●浄土三部経　上・下　中村元・早島鏡正・紀野一義訳注　岩波文庫
●浄土三部経の真実　板東性純　ＮＨＫ出版
●往生要集　上・下　石田瑞麿 訳註　岩波文庫
●往生要集　石上善應　ＮＨＫ出版
●浄土の哲学・高僧和讃を読む上・下　大峯　顯　本願寺出版社
●親鸞のコスモロジー　大峯顕　法藏館
●教行信証　親鸞　金子大栄 校訂　岩波書店
●親鸞和讃　板東性純　ＮＨＫ出版
●法華経　上　坂本幸男・岩本裕訳注　岩波文庫
●迷いから悟りへの十二章　田上太秀　ＮＨＫ出版
●宗教の話　山折哲雄　朝日新聞社
●出定後語　富永仲基著　隆文館
●富永仲基と懐徳堂　宮川康子　ぺりかん社

●大坂の町人学者富永仲基　内藤湖南　青空文庫
●翁の文　富永仲基著
●日本人とは何か。　山本七平　ＰＨＰ研究所
●日本多神教の風土　久保田展弘　ＰＨＰ新書
●日本の感性　戸田義雄　ＰＨＰ文庫
●古事記　中村啓信訳注　角川書店
●日本書紀(上・下)全現代語訳　宇治谷孟　翻訳　講談社
●続日本紀(上)全現代語訳　宇治谷孟　翻訳　講談社
●古代日本人・心の宇宙　中西進　ＮＨＫライブラリ
●海上の道　柳田国男　岩波文庫
●木に会う　高田宏　新潮文庫
●縄文の神　戸矢学　河出書房新社
●俳句十二か月　草間時彦　角川選書
●言挙げぞする　春吉省吾　ノーク出版
●経営の嘘　佐藤祥一　ノーク出版
●その他　佐藤祥一関連書籍・資料
経営書レジメ
「心身経営学」哲理篇・Ａ４判448ページ
「心身経営学」技法篇・Ａ４判437ページ
経営書レジメ
「心身経営学2」哲理篇・Ａ４判260ページ
「心身経営学2」技法篇・Ａ４判280ページ

ノーク出版「出版物」のご案内

言挙げぞする　日本人が失ってしまった 魂を呼び戻す書

日本人が明治維新以来、疑いもしなかった「常識」は、本当の「常識」ではない。
我々は視野を遙か遠くに拡げ、一万六千年前の縄文時代の精神をもとに、
近しい歴史を見直し、生ききるために「言挙げ」しなければならない。
本書は、本来の面目を求める日本人必読の哲理的随筆集。

〈平成30年5月
上梓・好評販売中〉
四六判上製
302頁　本体 1,800円（税別）
ISBN 978-4-905373-08-7　C0095

風浪の果てに《ふうろうのはてに》　幕末・維新　長編時代小説　この物語はどうしてこんなに哀しくて切ないのか……。

主人公・沼崎吉五郎と吉田松陰の遭遇を通して「幕末・維新」の裏側を描く珠玉の名品

主人公沼崎吉五郎は吉田松陰の遺書「留魂録」を託され、獄舎から三宅島に流されても、
16年7ヶ月もの間守り通した。実は吉五郎はそんな「歴史」の脇役に収まりきらない、
苛烈な生き方をした男であった。堀達之助、新門辰五郎、細谷銑十郎などの男達、
京や芳、真沙などの女達。作中全てに「生身の人間」の息遣いが活き活きとあなたに迫る。

〈平成29年3月
上梓・好評販売中〉
四六判上製 584頁
本体 3,000円（税別）
ISBN 978-4-905373-07-0

長編歴史時代小説・四季四部作　春のみなも　夏の熾火　秋の遠音　冬の櫻

「夏の熾火」（上・下）　組織の中で、一芸に秀でた天才達の苦悩を「弓術」を通して描く

〈平成27年11月上梓・好評販売中〉　「炎は熾火となり、それもやがて灰になる――」

紀州藩士・弓術家 吉見台右衛門、その愛弟子、美形の若き天才弓術家 葛西薗右衛門。
尾州竹林の名誉をかけて戦う弓術家 星野勘左衛門。生きるため、貧困から脱するために、通し矢「大矢数」日本一を目指した和佐大八郎。
天才弓術家達を支え、自らも真摯に生きたヒロイン達の一生は理屈を越えて美しい。

四六判上製
上巻 400頁　本体 2,100円（税別）
ISBN 978-4-905373-05-6
下巻 412頁　本体 2,100円（税別）
ISBN 978-4-905373-06-3

「春のみなも」（上・下）　この時代小説には 遙か時空を越えて「生きる歓び」が謳われている

〈平成26年5月上梓・好評販売中〉　「福島」にしなやかで たくましい「希望の灯」をともすために。


「福島藩」の藩政を批判し、極貧に堕とされた父福本清十郎は「初」が9歳の時に刺殺されてしまう。

父の親友、長谷川三右衛門の養女となった「初」は、福島城下で充実した日々を送る。

しかし激動の幕末は「初」の直ぐそこに……。死者達への「鎮魂と祈り」を胸に秘め、

「初」の「希望の意志」は、「FUKUSHIMA」を再び蘇らせる礎となった。

時間と空間をこえ、「世界」に広がる壮大なスケールで描く、歴史時代小説。

定価（上下各巻）
本体 2,000円（税別）
四六判上製／上巻 468頁
ISBN 978-4-905373-03-2
下巻 468頁 ISBN 978-4-905373-04-9

「冬の櫻」（上・下）　長く読み継がれるベストセラー書

〈平成23年8月上梓・好評発売中〉

近々全面改訂新版上梓予定。

かつてこれ程恬淡として清々しい男がいたであろうか。その名は圓城寺彦九郎。武芸者でありながら「敵」をつくらず
出会った人達は忽ち、彼の虜になってしまう。
本邦初の本格的弓道長編小説。初代藩主 保科正之公の世、「会津」が最も雄々しく輝いた時代の物語。

春吉省吾著／定価（上下各巻）本体 2,600円（税別）上巻444頁　ISBN978-4-905373-01-8　下巻460頁　ISBN978-4-905373-02-5

「経営の嘘」　「心身経営学」とは「日本の中小企業経営者」の精神の拠り所を定める実践経営学です

〈平成23年7月上梓・好評発売中〉 佐藤祥一著／定価　本体 6,800円（税別）　ISBN978-4-905373-00-1

地球上の自然現象は激烈化し、人間活動の政治・経済・金融等のあらゆる分野で、人智の及ばざる時期に入った。
今「生きること」の意味が根底から問い直されている。
●日本人の本来持っている「感性」を鍛え、生気を養い、智慧としての技法を錬る。
●絶望の底に堕ちてもまた這い上がる、生きるための書。常に座右に置いて欲しい自己哲理構築のための基本入門書。

秋の遠音《あきのとおね》（令和2年初旬刊行）

三池藩藩主立花種周の突然の蟄居から始まる、
弱小藩、下手渡藩の悲哀。主人公の吉村春明
藩主立花種恭をはじめ、徳川慶喜、松本良順、
新選組近藤勇、土方歳三、など個性豊かな人
物達が多数登場する。
長編歴史時代小説・四季四部作最後の作品

初音の裏殿《はつねのうらとの》（令和2年より随時刊行予定）

幕末の英雄といわれている人物の暗部を、謎に包まれた、旗本6千石当主、宇良守上総介金吾主人公を通して描く。「す～」と読める、しかし既存の時代小説のどれとも違う、幕末を舞台とした、中編の一作読み切りの痛快娯楽時代小説シリーズ。

春吉省吾の次のライフワーク。

空の如く《うつおのごとく》（令和3年初旬刊行予定）

主人公、鐸木三郎兵衛。その破天荒な人物を活写する。三島通庸、河野広中、若き朝河貫一、「智恵子抄」の高村智恵子も登場する。

電子ブック　超長編小説「永別了香港」

（ペーパーブックに改訂して上梓予定）

返還前の本当の「香港」を活写。
中国人と日本人の本質的な思考の違いが、
読み進むにつれてはっきりと理解できる。
「実話」に基づいた小説です。

詩集「密やかな出航」　電子ブック
（二十歳の詩集）　春吉省吾 20 歳の時に上梓したみずみずしい詩集。

■ノーク出版ネットットショップからお求め頂くと様々な特典がございます。■
https://nork.easy-myshop.jp/　●同梱した「ゆうちょ振替用紙」から、後払いで入金いただくネットショップ

ノーク出版の情報をタイムリーに更新しています。最新情報はここからどうぞ!!　■「ノーク出版のホームページ」**http://norkpress.com/**

【著者略歴】

春吉 省吾（はるよし しょうご）

● 1950 年 11 月 福島市生まれ。佐藤祥一。
福島高校・明治大学商学部商学科卒。
● 1984 年　株式会社ノーク設立。
様々な業種の広告・デザイン戦略、イベント　企画設営などに関わる。

経営理念策定、地域開発や多業種の店舗設計を手がける。
● 2000 年「心身経営学講座」を主宰。
仏教・儒教などを骨子とし、経営戦略・マーケティング「技法」を援用した中小・中堅企業の経営者・承継者を対象とした経営学講座。

新しい経営学、経営哲理を創出した。
● 2008 年　中国返還前の香港を舞台に「永別了香港」という長編小説で作家デビュー。
● 2010 年　コンサルタント活動を再開。
● 2011 年　春吉省吾のペンネームで、春・夏・秋・冬を「冠」とした、長編時代小説四季四部作の第一作「冬の櫻」上・下を出版。
● 2011 年「経営の嘘」(「心身経営学」の骨子となる基本フィールドをまとめた「経営哲理書」) を出版。
● 2014 年　幕末福島藩を舞台にした、長編時代小説四季四部作の第二作「春のみなも」上・下を出版。
● 2015 年　紀州藩初代藩主徳川頼宣、二代光貞から五代吉宗の時代を舞台に、三人の天才弓術家達の一生を描いた長編時代小説四季四部作の第三作「夏の熾火 (おきび)」上・下を出版。
● 2017 年　吉田松陰の義を守り通した福島脱藩浪人沼崎吉五郎の半生を描く長編時代小説「風浪の果てに」を出版。
● 2018 年　哲理風随筆集「言挙げぞする」を出版。
明治以降の歪んだ歴史観・宗教観について論究。
◆長編時代小説四季四部作の最後「秋の遠音 (とおね)」鋭意出筆中。〈2020 上旬上梓〉
◆幕末時代小説シリーズ「初音の裏殿」執筆中。
特殊な境遇に生まれた旗本、宇良守上総介金吾。

あらゆる権威を向こうに回し、知力の全てを賭けた痛快無比な活躍にご期待あれ。幕末の裏の裏をダイナミックに活写する、一作読み切り中編小説シリーズ。

〈2020 上旬からシリーズ「第一巻」より随時上梓〉
◆「空 (うつお) の如く」明治初期、生糸産業で 福島が最も輝いた時代。鐸木三郎兵衛という実在した破天荒な男の物語執筆中。〈2021 年上旬上梓〉
○全日本弓道連盟　錬士六段
○全日本剣道連盟 居合道 錬士六段 (2019.6.15 現在)

---

29 円モヤシの目線で 日本の危機と 生死観を考え直す。

2019年7月26日　　印刷・発行

著者　　春吉 省吾
発行所　　ノーク 出版
〒 151-0066　東京都渋谷区西原 2 丁目 12 番 6
電話 /03-5454-1544　Fax./ 03-5454-1475
http://norkpress.com/ (メイン HP)
その他「春吉省吾の世界」「春吉省吾の独言」
「春吉省吾／コンサルタント・作家の部屋」
「春吉省吾ただ今執筆中」などのブログ有り。
ネットショップ
https://nork.easy-myshop.jp/
●御購入後同梱した「ゆうちょ振替用紙」利用の専用ネットショップ

装丁・DTP・編集　　春吉 省吾

ISBN 978-4-905373-09-4　C0095